Ich bin der Boß

Barbro Dahlbom-Hall

Ich bin der Boß

Machtstrategien für Frauen

Aus dem Schwedischen
von Till R. Lohmeyer,
Christel Rost
und Hans Gunnar Unger

Scherz

Die Originalausgabe erschien unter dem
Titel «Lära Kvinnor Chefa Män» bei Natur och Kultur,
Stockholm.
Einzig berechtigte Übersetzung aus dem Schwedischen von
Till R. Lohmeyer, Christel Rost und Hans Gunnar Unger

Erste Auflage 1997

Illustrationen S. 40, 122, 147 und 214 von May Strandberg

Umschlaggestaltung: Peter Hofstätter

Inhalt

Vorwort

Worum geht es in diesem Buch? Will es den Frauen zeigen, wie man Männern sagt, wo's langgeht? Nein, das ist nicht nötig – das können die Frauen längst. Sie wissen genau, wie sie die Männer dazu bringen, ihnen und ihren Ideen zu folgen, ohne daß die Herren der Schöpfung merken, von wem die Ideen stammen und wer ihnen die psychische Kraft dazu gibt. Dann stehen die Herren plötzlich da und sagen: «Ich habe eine Idee!» Frauen weisen Männern den Weg, ohne die Chefin dabei herauszukehren – und merken dabei gar nicht, daß sie bestohlen werden.

In diesem Buch geht es um etwas anderes, es geht um Menschenführung. «Führen» ist ein häßliches Wort, warum also verwenden wir es hier? Weil Frauen lernen müssen, den Männern gegenüber klare Grenzen zu ziehen. Frauen, und davon handelt dieses Buch, müssen lernen, den Männern zu zeigen, daß sie über sich selbst bestimmen. Wenn Frauen die Macht haben, eigene Entscheidungen zu treffen, dann haben sie auch teil an der Macht im Berufsleben, in der Politik, der Wirtschaft und auf anderen Gebieten.

Es muß einmal geschildert werden, was mit Frauen geschieht, die Macht im positiven Sinne übernehmen. Ziel dieses Buches ist es, Frauen das Wissen und das Vokabular zu vermitteln, das sie brauchen, um Fehler zu erkennen, zu analysieren und die entsprechenden Konsequenzen daraus zu ziehen. Des weiteren sollten Frauen eine Vorstellung davon bekommen, wie sie Widerstand leisten können und wie wichtig es ist, eigene Grenzen zu setzen.

Männer, denen dieses Buch zufällig in die Hände fällt, werden sagen, daß es die Dinge pauschalisiert und kategorisiert. Sich selbst werden sie darin nicht wiedererkennen. Natürlich nicht – denn täten sie es, so würden sie das Buch nicht zu Ende lesen.

Sie dürfen allerdings nicht vergessen, daß Männer, die Frauen als Bedrohung empfinden, sich ganz und gar nicht so verhalten, wie ich es immer wieder beschrieben habe. Die ihrem Verhalten zugrundeliegenden Mechanismen bleiben im verborgenen und folgen einem Verhaltensmuster, das erst nach einiger Zeit erkennbar wird. Männer, die Frauen tatsächlich unterstützen wollen, müssen die subtilen Verhaltensweisen ihrer Brüder erst einmal durchschauen.

Das Material zu diesem Buch beruht auf Fakten, die in fünfzehnjähriger Arbeit aufgezeichnet und zusammengetragen wurden. Die Grundzüge, die dabei im Laufe der Zeit zutage traten, wurden durch verschiedene wissenschaftliche Untersuchungen bestätigt.

Aufgrund vieler Einzelgespräche mit Männern weiß ich,

daß sie eigentlich gar keine destruktiven Absichten Frauen gegenüber hegen, sich jedoch, sobald sie mit anderen Männern zusammen sind, unbewußt ebenso destruktiv verhalten. Ich bin Optimistin und glaube an die Veränderbarkeit der Arbeitswelt. Daher liegt mir daran, Frauen beizubringen, daß sie auf reife, mutige und bewußte Männer setzen und mit dem eigenen Bestätigungsteufel abrechnen können. Männer, die reif genug sind, mit dem Bedürfnis der Frauen nach Bestätigung nicht herumzuspielen, verschaffen ihnen den für ihre Entwicklung erforderlichen Mut und Oppositionsgeist.

Wer sich über einen längeren Zeitraum hinweg mit Fragen der Frauenförderung befaßt hat, empfindet eine Art heiligen Zorn, der leicht mit Haß auf die Männerwelt verwechselt werden kann. Was mich antreibt, ist indessen kein Männerhaß; vielmehr empfinde ich Trauer und Zorn darüber, daß so viel menschliches Potential brachliegt und daß eine weit verbreitete Unwissenheit konkrete Veränderungen der Realität erschwert.

Das vorliegende Buch beginnt mit einer kurzen Zusammenfassung eines meiner früheren Bücher, *Åtta kvinnors ledarskap* («Acht Chefinnen und ihr Führungsstil»), in dem ich über weibliche Führungskräfte berichtete, die unter ihren eigenen Bedingungen arbeiten durften. Das Ergebnis war so positiv, daß ich mich dazu entschloß, mit dieser Einleitung ein wenig Licht in die ansonsten ziemlich trübe Realitätsdarstellung zu bringen.

Und weil dieses Buch sich an Frauen wendet, die im Berufsleben stehen, werden auch einige Gedanken aus meinem Buch *Lära män leda kvinnor* («Männer lernen Frauen zu führen», 1992) wieder aufgenommen, allerdings aus einem anderen Blickwinkel. Das Buch war ein Bestseller. Unternehmen, Verwaltungen und Organisationen haben es in großer Zahl für ihre jeweiligen männlichen Führungskräfte bestellt. Ob sie *Ich bin der Boß* nun für ihre weiblichen Führungskräfte bestellen werden? Warten wir's ab. Ich bin eher skeptisch und meine, die Frauen werden es sich selbst kaufen müssen, da der Titel eine Machtverschiebung andeutet, an der nur wenige Männer interessiert sein dürften. Die Gleichberechtigung ist zu einer WAS-und-WIE-Frage geworden – das heißt, man übt sich in immer neuen Bestimmungen und Vorschriften, WAS in Form von Plänen, Seminaren, Kursen usw. getan werden muß. WIE die Gleichberechtigung jedoch konkret durchzusetzen ist – darüber haben sich bisher nur wenige Führungskräfte Gedanken gemacht.

Fünf Frauen – eine Oberärztin, eine Personalchefin, eine Produktionsleiterin, eine Ausbildungsleiterin und eine Verwaltungschefin – haben, jede aus ihrer Sicht, das Manuskript dieses Buches gelesen und sich darin wiedererkannt. Sie haben mir hilfreiche Ratschläge gegeben, die der Lesbarkeit des Buches zugute kamen. Außerdem haben bekannte und unbekannte Frauen mit Briefen, Erzählungen und Berichten zu diesem Buch beigetragen.

Schließlich hat Berit Härd zum drittenmal die schwierige Lektoratsarbeit übernommen. Ohne sie wäre aus der Fülle des Materials niemals ein Buch geworden.

Ihnen allen sei herzlich gedankt.

Hägersten, im Januar 1996 *Barbro Dahlbom-Hall*

Einleitung

Dieses Buch wendet sich an alle Frauen, die in ihrem Beruf gute Arbeit leisten wollen. Nicht jede Frau muß unbedingt Chefin werden, doch jede sollte die Möglichkeit haben, eine Position zu erreichen, die ihren Fähigkeiten entspricht. Im Laufe der Jahre hat sich herausgestellt, daß wir Frauen in der Arbeitswelt nur in beschränktem Maße Verantwortung übernehmen dürfen. Doch selbst die Aufgaben, die uns übertragen werden, setzen voraus, daß wir nehmen und geben können und uns kooperativ verhalten. Bilden wir uns nicht ein, daß dies möglich ist, solange nicht auch leitende Positionen mit Frauen besetzt sind. Es gibt einen deutlichen Zusammenhang zwischen der Zahl der Frauen in Führungspositionen und dem tatsächlichen Befinden und Verhalten von Frauen in der Arbeitswelt.

Wenn Frauen, die sich wohl fühlen, die Freude an ihrer Arbeit haben, die ihr Licht nicht unter den Scheffel stellen, eigene Vorstellungen verwirklichen und sich durchsetzen können – wenn solche Frauen führende Positionen einnehmen, dann beschränken sich die Probleme meist auf die üblichen Reibereien, zu denen es überall kommt, wo Menschen auf engem Raum zusammenarbeiten. Sollten diese Bedingungen an Ihrem Arbeitsplatz erfüllt sein, können Sie von Glück sprechen, denn in Ihrem Betrieb hat sich die Gleichberechtigung weitgehend durchgesetzt. In diesem Fall können Sie auf die Lektüre dieses Buches verzichten. Mir allerdings sind derartige Betriebe und Organisationen bisher nicht untergekommen, denn dort besteht kein Bedarf an Beraterinnen, Vorträgen und Seminaren.

Doch selbst dann, wenn Sie sich tatsächlich in einer so glücklichen Lage befinden sollten, interessiert Sie vielleicht, was hinter dem Kummer Ihrer Freundin steckt. Oder Sie wollen auf alle Eventualitäten vorbereitet sein. Es sieht so aus, als wollten die zwanzig- bis dreißigjährigen berufstätigen Frauen – und zwar in jeder Generation – gar nicht wissen, wie ihre Zusammenarbeit mit den männlichen Kollegen wirklich funktioniert. Sie glauben, alles sei längst ganz klar und problemlos. Frauen + Männer = okay.

Im Grunde sollten alle berufstätigen Frauen wissen, wie es Frauen in leitenden Positionen ergeht. Sie sollten begreifen, daß ihre Zukunft in entscheidendem Maße von der Art und Weise abhängt, wie sie sich von den Männern abgrenzen. Und dies geht nur, wenn sie die Hintergründe kennen. Eine Frau wird Chefin, ein Mann Chef. Frauen, die Führungsseminare besuchen, nehmen an «Führungskursen für Frauen» teil – während Männer, die Führungskurse besuchen, eben nur an «Führungsseminaren» teilnehmen.

Warum ist es für Frauen so wichtig, Grenzen zu setzen und sich Männern gegenüber klipp und klar auszudrücken? Weil enorme Probleme aus der Arbeitswelt heutzutage auf die Frauen projiziert werden. Nach meiner festen Überzeugung liegt das Hauptproblem darin, daß es vor allem Männern in mittleren Führungspositionen besonders schlecht geht. Bestätigt wurde mir dies in Einzelgesprächen mit Betroffenen und Betriebsärzten (in Gruppengesprächen würde so etwas nie an den Tag kommen). Männern in Führungspositionen werden oft Rollen aufgezwungen, denen sie nicht gewachsen sind. Zwar erwerben sie dadurch Einfluß und Ansehen, erkennen sich jedoch im Grunde genommen darin gar nicht wieder. Dieses Bubenspiel – ich habe es in meinem Buch «Männer lernen, Frauen zu führen» beschrieben – macht die Männer nicht eben glücklich: Sie kommen sich wie Hochstapler vor. Und es sind die Frauen, die ihren Frust ausbaden dürfen.

Zu Beginn meiner Aufbauseminare für Frauen betone ich jedesmal, daß sie FÜR Frauen durchgeführt werden, aber nicht GEGEN Männer gerichtet sind. Die Frauen reagieren auf diesen Hinweis immer mit einem erleichterten Lachen. Alle – ich betone: *alle* – haben sie sich von ihren männlichen Kollegen die eine oder andere ironische Bemerkung darüber anhören müssen, daß sie an einem allein Frauen vorbehaltenen Führungsseminar teilnehmen. Bei keinem meiner unzähligen Ausbildungs- und

Beratungsseminare für MÄNNER habe ich jemals das Bedürfnis verspürt, extra darauf hinzuweisen, daß sie FÜR Männer durchgeführt werden, aber nicht GEGEN Frauen gerichtet sind.

Der Grund für diese männlichen Kommentare zu Führungsseminaren für Frauen muß – auf einer unbewußten Ebene – mit der Einsicht zusammenhängen, daß die oft hervorragenden Führungsqualitäten der Frauen einer deutlichen Abgrenzung gegenüber jenen bedürfen, die faktisch als auch strukturell im Besitz der Macht sind, nämlich die Männer selbst. Oder bilden sie sich in ihrer männlichen Ichbezogenheit gar ein, Frauen hätten tagelang nichts Besseres zu tun als herumzusitzen und über Männer zu reden?

Nein, es gibt wichtigere Dinge zu besprechen – Dinge nämlich, die Frauen wirklich beschäftigen: Wie kann ich meine Arbeitskraft, meine Kooperationsbereitschaft und meinen Elan so einsetzen, daß sie mir in meiner beruflichen Stellung – und damit auch der Gesellschaft insgesamt – optimal zugute kommen? Weil die Voraussetzung dafür in einer guten Zusammenarbeit zwischen Männern und Frauen liegt, müssen hier natürlich auch Männer einbezogen werden. Alle Frauen wünschen sich eine gute Zusammenarbeit mit ihren Kollegen, das weiß ich. Dieses Buch beschreibt, was geschieht, wenn sich die Hierarchien unter weiblicher Führung verschieben – das heißt, wenn Frauen Männern gegenüber Grenzen ziehen.

In *Ich bin der Boß* geht es um berufliche Beziehungen zwischen Männern und Frauen und die ihnen zugrundeliegenden Strukturen. Diese zu erkennen, kann zum Handeln veranlassen. Solange eine Frau glaubt, sie allein sei betroffen, wird sie an den Verhältnissen wenig ändern. Natürlich, eine Frau kann auch nach der Lektüre feststellen: «Das trifft auf andere zu, auf mich aber nicht.» Doch alle Frauen sollten, auch wenn sie persönlich nicht unmittelbar betroffen sind, bestimmte Verhaltensmuster kennen und erkennen können.

Nicht selten kommt es beispielsweise vor, daß ein Mann eine Stellungnahme zu frauenspezifischen Dingen braucht und eine Kollegin fragt: «Stimmt das wirklich?» Trifft dann die Frage auf die bestimmte Kollegin nicht zu oder besitzt sie nicht die für die Einordnung und Erklärung erforderlichen Kenntnisse, so erwachsen daraus auch ihren Kolleginnen Schwierigkeiten. Denn Männer, die nach der Bestätigung dafür suchen, daß «etwas nicht stimmt», behaupten dann: «Es stimmt nicht, ich habe mit einer Kollegin gesprochen.» Männer betrachten Frauen als Gruppe. Daher ist es dringend nötig, daß Frauen sich in Selbsterkenntnis üben. Wer die Strukturen durchschauen will, braucht nicht nur Kenntnisse, sondern auch Selbsterkenntnis und die Fähigkeit, diese Kenntnisse in Worte zu fassen.

Hinter Worten und Taten stehen Gedanken. Eine hochrangige Politikerin hat einmal gesagt: «Eine Frau steht für die Gedanken sowohl der Männer als auch der Frauen.» Wie wahr! Im Anschluß an meine Vorträge über die Vorstellungen und Gedanken von Frauen zum Berufsleben höre ich immer wieder Männer sagen: «Genau das habe ich mir auch gedacht.» Doch wenn sich Männer in ihren eigenen Worten ausdrücken, so tun sie dies in ihrer Männersprache. Darin erkennen sich Frauen nicht ganz wieder. Reden hingegen Frauen über ihre Gedanken, so erkennen sich darin sowohl Frauen als auch Männer wieder – und das gibt zu denken.

Dieser Unterschied fiel mir erst auf, als ich einen Sommer lang eine Fülle von Aufzeichnungen, Protokollen, Briefen usw. zu Lehrgängen und Projekten durcharbeitete. Ursprünglich hatte ich fast ausschließlich mit Männern gearbeitet. Jetzt fiel mir auf, daß Frauen ihre Anliegen anders formulieren. Weibliche Führungskräfte haben den intensiven Wunsch nach besseren beruflichen Bedingungen für *alle* – nach Bedingungen, unter denen sich Energien, Bildung, Arbeitsklima, Kreativität und Wissen optimal entwickeln können.

Ihre Frage lautet: «Wie soll ich mich verhalten, um all dies zu ermöglichen?» Vor meinem geistigen Auge sehe ich einen Garten, in dem ein großes Festzelt mit einer ganz neuen und ungewöhnlichen Konstruktion steht. Männer und Frauen haben sich dort versammelt, um eine Reihe von Seminaren für berufstätige Männer und Frauen vorzubereiten. Alle gehen sie zum Zelt. Die Männer bleiben draußen stehen, zerren und ziehen an der Plane und fragen: «Wie ist das Zelt aufgebaut? Wie ist es konstruiert?» Die Frauen gehen hinein und fragen: «Wie sieht es hier drinnen aus?»

Im Jahre 1975 wurden fünf Frauen von der SACO *(Sveriges Akademikers Centralorganisation)* zur Frauenkonferenz in Mexiko geschickt. Auf dem Heimflug standen wir noch ganz unter dem Eindruck des phantastischen Erlebnisses: Da waren Tausende von Frauen aktiv gewesen, hatten Reden gehalten und argumentiert. Anitha Bondestam sagte: «Wir Frauen wollen unsere eigenen Führungsqualitäten entwickeln, und die Männer müssen ihren Führungsstil finden. Das können wir ihnen nicht abnehmen.» Wir anderen dachten über diese kluge Bemerkung nach. Keine von uns konnte damals jedoch voraussehen, daß unser Eintritt ins Berufsleben die Mängel derart offenlegen und so viele Ängste hervorrufen sollte.

Heute, zwanzig Jahre später, zeigen die Studien der Zukunftsforscher Åke E. Andersson und Thomas Fürth, daß die Veränderungen, die erforderlich sind, um den arbeitenden Menschen von morgen gerecht zu werden, ziemlich genau den Vorstellungen der heute vierzig- bis fünfzigjährigen berufstätigen Frauen entsprechen.

Die Alfinen – Eine Gruppe von Frauen weist den Weg

Bevor wir uns weiter darüber unterhalten, was Frauen über Führungsarbeit und die damit verbundene Abgrenzung gegenüber Männern wissen sollten, möchte ich etwas über die Alfinen erzählen – eine Gruppe von Frauen, die es geschafft haben.

Die Alfinen, wie sie sich selbst nannten, waren acht Provinzialdirektorinnen des *Arbetslivfonds* (ALF). Diese Behörde, die mit dem Ziel, an 25 000 Arbeitsplätzen Umgestaltungsprogramme durchzuführen, eingerichtet worden war, bestand insgesamt fünf Jahre lang und besaß vierundzwanzig Regionalbüros, von denen genau ein Drittel von Frauen geleitet wurde. Damit war sie, soweit ich weiß, die erste schwedische Organisation mit einem so hohen Frauenanteil in Führungspositionen, die erhebliche finanzielle und gestalterische Möglichkeiten boten. Für mich realisierte sich der langgehegte Wunsch, Frauen in Führungspositionen zu beobachten. Ich wollte sehen, wie sie sich im Team verhielten und welchen Einflüssen sie ausgesetzt waren. Zwei Jahre lang verfolgte ich ihre Tätigkeit, interviewte sie und konnte ihre Tagebücher einsehen.

Im Hintergrund hatten die Frauen – was nicht für alle

Chefinnen gilt – eine Aufsichtsbehörde, die ihre Arbeit förderte. Sie konnten ihre Tätigkeit nach ihren eigenen Vorstellungen gestalten – und in vollem Bewußtsein dessen, daß sie Frauen waren. Die eigenen Darstellungen dieser Frauen von ihrer Rolle als Behördenchefinnen sind für andere Frauen in ähnlichen Situationen äußerst lehrreich. Sie brachten wichtige Veränderungen zustande, die nicht allein ihr Arbeitsfeld betrafen, sondern auch gesamtgesellschaftliche Auswirkungen hatten.

Die acht Frauen waren individuell völlig verschieden, aber sie unterstützten sich gegenseitig unter anderem mit Hilfe eines eigenen Netzwerks, das schlicht und einfach «die Alfinen» hieß. In diesem Rahmen besprachen sie sich, tauschten Erfahrungen aus, hielten einander den Spiegel vor. Sie akzeptierten ihre Unterschiede, denn sie hatten eine persönliche Reife erreicht, die Gleiches und Ungleiches vereinbar macht.

Auf ihre Darstellungen werde ich im Verlauf dieses Buches noch näher eingehen. Zunächst sollen sie aber erst einmal selber zu Worte kommen. Beginnen wir mit dem Einstellungsverfahren, das die Frauen als «sehr männlich» empfanden. Das hing unter anderem damit zusammen, daß die Interview- und Testfragen oft ein klares Ja oder ein klares Nein als Antwort verlangten. Die Frauen hingegen erlebten die Wirklichkeit eher als ein Sowohl-als-auch oder als ein einschränkendes Entweder-oder.

«Ich versuchte, deutlich zu machen, daß wir Frauen

nicht immer vor der Entscheidung stehen, entweder eine Arbeit zu Ende zu führen oder uns mit einem guten Freund zu treffen, der in einer Krise steckt», sagte eine der Alfinen. «Wir tun sowohl das eine wie das andere.»

Einer der Gründe dafür, daß wir in Schweden so wenige Chefinnen haben, liegt meiner Meinung nach darin, daß die Einstellungstests und der Auswahlprozeß als solcher auf die Suche nach geeigneten Männern zugeschnitten sind. Dies wird durch das mir zugängliche Material über die Alfinen und meine Interviews mit ihnen bestätigt.

Im Falle des ALF waren gezielt Frauen angeworben worden. Die acht Provinzialdirektorinnen mußten gleich vor Ort ihre Fähigkeiten unter Beweis stellen. Da der ALF eine von Grund auf neue Behörde war, gab es weder eine etablierte Bürokratie noch fertige Vorgaben. Innerhalb der gesetzten Rahmenbedingungen bekamen die Direktorinnen freie Hand – und wußten dies zu schätzen. Die Freiheit setzte viel Energie und Kreativität frei. Bezeichnend für ihr Verhalten war, daß sie auch Mitarbeiter einstellten, die einen völlig anderen Hintergrund hatten als sie selbst.

Als den Frauen nach einiger Zeit klar wurde, daß sie tatsächlich Macht, Freiheit und die Verantwortung über die ihnen zur Verfügung stehenden Mittel besaßen, genossen sie die einmalige Situation. Auf einmal ging alles so leicht!

«Beim Rückblick auf dreißig Jahre Berufsleben realisiert

man, daß man den größten Teil seiner Zeit damit verbracht hat, Hindernisse aus dem Weg zu räumen», heißt es in einem Kommentar. Und in einem zweiten: «Da ich nicht gezwungen war, mich männlichen Normen und Vorbildern anzupassen, war mein Weg von vornherein weniger problembefrachtet und einfacher.»

Den Frauen war daran gelegen, Reviergrenzen zwischen verschiedenen Behörden und Organisationen zu durchbrechen und zu überbrücken. Dabei zeigte es sich, daß eine nach außen orientierte Tätigkeit mit vielen Bällen gleichzeitig in der Luft den Frauen entgegenkam. Von Männern, die an dem Projekt beteiligt waren, hörte man immer wieder: «Was haben die Frauen doch für eine Geduld – und wie hartnäckig sind sie!»

Meines Erachtens beruht die Hartnäckigkeit der Frauen darauf, daß sie viel größere Hoffnungen darauf setzen, bestehende Reviergrenzen überwinden zu können, und daß sie keine Angst vor Prestigeverlust haben. In den Interviews sagten die Direktorinnen oft: «Wir haben ganz andere Verhaltensweisen.» Ein hervorragendes Beispiel dafür bieten das Verhältnis zu und die Arbeit mit dem Vorstand. Die Frauen bemühten sich aktiv darum, die Projektleitung auf ihre Seite zu bekommen, was keineswegs den üblichen Usancen entsprach. Gleichzeitig zogen sie scharfe Grenzen zwischen ihrem eigenen Arbeitsbereich und dem der zentralen Projektleitung. Hinsichtlich der Zusammenarbeit mit der Zentralbehörde wiederholen sich in den Berichten vier Worte: Deutlichkeit, Freiheit, Vertrauen und Unterstützung.

Anfangs fiel es den Frauen schwer, sich auf den häufig stattfindenden Direktionskonferenzen zu behaupten. Sie hatten den Eindruck, daß man ihnen nicht genug Gelegenheit gab, ihre Standpunkte darzulegen, und fühlten sich übergangen. Je deutlicher sie jedoch die männlichen Strukturen dieser Direktionskonferenzen erkannten und je sicherer sie in ihrer Rolle als Chefinnen wurden – also lernten, Schwerpunkte zu setzen, Grenzen zu ziehen und die eigene Linie zu finden –, desto besser verliefen ihrer Meinung nach auch die Konferenzen.

Ein Netz, das hilft und trägt

Dennoch galten auf den Direktionskonferenzen die Normen der Männer. Aus diesem Grund schufen sich die Frauen nach ungefähr einem Jahr das Netzwerk der Alfinen. Die Projektleitung unterstützte sie dabei, allerdings unter der Bedingung, daß sich die Alfinen nicht gegen die Männer wenden, sondern sich gegenseitig helfen sollten. Also trafen sich die Provinzialdirektorinnen etwa vierteljährlich zu einer anderthalbtägigen dienstlichen Klausur, auf der sehr harte Arbeit geleistet wurde. Private Kontakte untereinander pflegten sie hingegen nicht. Eine Alfine sagt: «Daß Frauen zusammenkommen, ist sehr wichtig. Vor allem wenn sie in eine Führungsposition eintreten, ist es absolut notwendig, daß die Organisation ihnen die Möglichkeit einräumt, sich ein Netzwerk zu schaffen. Dort können wir Professionalismus in Führungsfragen entwickeln und zu unserem eigenen weiblichen Stil finden. Wo denn sonst? Angenommen, frau ist im mittleren Management angestellt und hat einen männlichen Chef. Dort gilt er als Vorbild – und die Frage lautet: Was hat das für Konsequenzen?»

Eine weitere Alfine empfand dank des Netzes die Einsamkeit der Führungsposition weniger bedrückend. «Ohne das Netz hätte ich mich weder wohl gefühlt, noch hätte ich so gute Arbeit geleistet. Wir sind in unserer Situation einsam, und als Führungskraft sind wir allein – dies gilt es zu akzeptieren. Selbst in einer kleinen Organisation ist die leitende Funktion gleichbedeutend mit Isolation, vor allem bei schwierigen Entscheidungen.»

Das Netz der Alfinen, von den Frauen in ihren Tagebüchern wechselweise als «Oase», «Ventil» oder «die grobe Gabe» umschrieben, ist einer der Gründe für ihren Erfolg. Die Geborgenheit in der Gruppe half den Frauen, ihre unterschiedlichen Ansichten und ihre Ungleichheit zu akzeptieren. Sie kamen einander näher, ohne jederzeit der gleichen Meinung zu sein. Und sie blieben vom «Gift des Vergleichs» verschont, das unter konkurrierenden Männern oft die Oberhand gewinnt.

Die Projektleitung fürchtete symptomatischerweise, daß

die Alfinen sich zu einem Forum «Frauen gegen Männer» entwickeln könnten. Ich frage mich wirklich, ob in Kreisen, in denen Männer unter sich sind, von vornherein das Prinzip «Männer gegen Frauen» gilt. Was bringt sie sonst auf solche Ideen?

Einmalige Freiheit

Die einmalige Freiheit, die die Provinzialdirektorinnen genossen, hat im Normalfall nichts mit der Ausübung von Autorität zu tun. Daß sich im Laufe ihrer Tätigkeit unter anderem die Zielsetzung änderte, deutet darauf hin, daß die Organisation von vornherein auf Veränderungen eingerichtet war. Einige Alfinen glaubten, feststellen zu können, daß ihre männlichen Mitarbeiter damals weniger flexibel waren als die weiblichen. «Es fiel ihnen schwer, die neuen Rahmenbedingungen zu akzeptieren. Sie hatten sich an ihre eigene Arbeitsweise gewöhnt und wollten daran festhalten.»

Eine zweite sagt: «In weiblichen Organisationen ist mir Vergleichbares nicht begegnet. Wenn ich noch einmal in eine Organisation mit Männern eintreten sollte, würde ich zu Beginn eine straffere Struktur mit weniger Freiheit fordern, um später die Zügel etwas lockerer lassen zu können. Es war sehr anstrengend, eine anfangs offenere Struktur im nachhinein straffen und dabei feststellen zu müssen, daß sich die Männer nicht an die vorgegebenen Rahmenbedingungen hielten.»

Mein persönlicher Kommentar zu den Erfahrungen der Alfinen ist der, daß hier im Berufsfeld eine Struktur entstehen konnte, die den Frauen auf den Leib geschneidert war. Strategie und Taktik wurde nicht von geheimen männlichen Codes bestimmt, die nur von Männern entzifferbar sind. Die Tätigkeit stimmte mit den Prioritäten der Frauen überein und ermöglichte es ihnen, Mitarbeiter zu motivieren und an den Veränderungsbemühungen teilhaben zu lassen. Daß die Gesellschaft einen Teil der Verantwortung für gute Arbeitsbedingungen trägt, ist mit der Lebenseinstellung der Frauen offenbar gut vereinbar. Die Frauen waren überdies der Meinung, daß die Arbeit einen demokratischen Führungsstil erforderte, der ihnen lag.

Meine Überzeugung, daß die Geschlechtszugehörigkeit die stärkste Organisationsstruktur ist, die wir haben, wurde durch das Projekt *Arbetslivfond* gefestigt – ebenso wie die Auffassung, daß Frauen dies viel deutlicher wahrnehmen als Männer. Diesen fällt der Unterschied nicht auf, weil der männliche Arbeitsplatz die Norm ist.

Viele Frauen wiesen auf die förmliche Atmosphäre in typisch männlichen Betrieben und Organisationen sowie auf die Unsicherheit hin, die sich ergibt, wenn Frauen in Chefpositionen aufrücken. «Beziehungsfragen spielen an den von Frauen dominierten Arbeitsplätzen eine viel größere Rolle als an jenen, an denen Männer das Sagen haben. Je ‹schwerer› eine Industrie ist, desto mehr dominiert das maschinelle, technische Denken und trägt dazu bei, psychische Probleme unter den Teppich zu kehren. Was natürlich überhaupt nicht heißt, daß es diese Art Probleme bei schwerer körperlicher Arbeit nicht gäbe.»

Nach einigen Jahren gelangte die zentrale Projektleitung zu der Überzeugung, daß es unerläßlich war, die berufliche Situation der Frauen genauer unter die Lupe zu nehmen. Die Forderung nach Maßnahmen gegen die «Unsichtbarkeit» der Frauen war ungemein groß, gerade auch unter den Frauen selbst. Auch spielte wahrscheinlich der Umstand, daß die Alfinen die Angelegenheiten der weiblichen Arbeitskräfte engagiert vertraten, bei den Bemühungen, die Frauen mehr ins Blickfeld zu rücken, eine Rolle. In Provinzen, deren ALF-Verwaltungen von Frauen geleitet wurden, erhielten Frauenfragen eine besonders herausragende Stellung.

Frauen, deren Arbeit anerkannt wird und die unter ihren eigenen Bedingungen arbeiten dürfen, haben nach meiner Erfahrung Vorbildcharakter für andere Frauen in ihrer Umgebung. Ich weiß aber auch, wie leicht – auch bewußte – Frauen darauf hereinfallen, sich an dem Spiel zu beteiligen und mit Männern unter deren Bedingungen kommunizieren – aus purer Freude darüber, daß sie überhaupt dabei sein dürfen! Viele haben dies später betrübt erzählt. Ergebnis: Solange sie unter männlichen Voraussetzungen agierten, blieben die unsichtbaren Frauen unsichtbar.

Aus den Interviews und Tagebüchern geht hervor, wie froh die Alfinen waren, daß sie etwas im allgemeinen Bewußtsein und im konkreten Fall verändern und sich für andere Frauen einsetzen konnten, ohne sich vorwerfen zu müssen, parteiisch gewesen zu sein. Ich verstand die dahinter stehende Besorgnis nur allzu gut aus eigener Erfahrung: Frauen, die sich bemühen, die Lebens- oder Arbeitsbedingungen anderer Frauen zu verändern, sind es gewohnt, von Männern links liegengelassen zu werden.

Fordern, nehmen und mit anderen teilen

Die hier zitierten Frauen strebten nach Offenheit – sowohl in ihrer Funktion als Chefinnen als auch im Umgang mit Organisationen und Betrieben. Auf den Direktionskonferenzen machten sie sich eifrig Notizen, um selber einen guten Überblick über die behandelten Themen zu gewinnen, aber auch um ihre Mitarbeiterinnen und Mitarbeiter korrekt informieren zu können. Sie waren überzeugt, daß es nur einer gut und umfassend informierten Belegschaft möglich ist, einen Blick fürs Ganze zu entwickeln und zu begreifen, was hinter bestimmten

Zielvorgaben und Entscheidungen steht. Der Arbeit kommt dies nur zugute.

«Manche Männer bilden sich ein, daß es für die eigene Arbeit ausreicht, wenn man auf Konferenzen nur das Allernotwendigste aus dem Arbeitsgebiet der Kollegen erfährt. Fehlender Überblick und mangelnde Weitsicht, Uninformiertheit und Unverständnis schüren jedoch Unzufriedenheit.»

Die Alfinen reflektieren in ihren Tagebüchern auch ihre Beziehungen zu den Kolleginnen und Kollegen. Sie sind diesen einerseits ungewöhnlich nahegekommen und fühlen sich «der Gruppe zugehörig»; andererseits waren sie aber gelegentlich auch gezwungen, Distanz zu wahren, um ihrer Chefinnenrolle gerecht zu werden. Sie waren bestrebt, als zuvorkommend und verständnisvoll zu gelten. Was sie nicht wollten, war, zu sehr als «Mutti» angesehen zu werden und zu wenig als «Chefin».

«Der Unterschied zwischen männlichen und weiblichen Chefs war mir erstmals in meiner früheren Stellung aufgefallen. Die Männer wurden von Frauen unterstützt, die ihr eigenes Zukurzkommen kaschierten. Die vorgesetzten Kolleg*innen* waren engagiert und stets um Verständnis und Aufklärung bemüht. Doch wenn sie einmal nicht perfekt waren, verloren sie sogleich die Sympathie ihrer Mitarbeiter(innen). Ich hatte Abteilungsleiter und Abteilungsleiterinnen. Die Frauen unter ihnen bekamen durchwegs schwierigere Probleme auf den Tisch, weil

Frauen in anderen Frauen immer auch die Therapeutin und die Fürsorgerin sehen wollen. Sie sollen in allen Lebenslagen verständnisvoll sein.»

Bezeichnenderweise sind die Chefinnen ständig zwischen verschiedenen, miteinander unvereinbaren Erwartungen hin- und hergerissen. Man verlangt von ihnen, es ihren männlichen Kollegen nachzutun – und doch wieder ganz anders zu sein als diese.

«Einerseits soll frau genauso tüchtig sein wie die Männer, was meistens ja auch gar nicht so schwer ist. Aber mehr: Sie soll im Ganzen *wie* ein Mann sein und kein Aufhebens davon machen, daß sie eigentlich eine Frau ist. Frau soll wie ein Chef sein, und Chefs sind Männer. Eine andere Erwartungshaltung verlangt aber das genaue Gegenteil.»

Chefs – Männer – haben nie oder nur selten Bedenken, daß sie vielleicht zu dominierend sein könnten. Unter den Alfinen war diese Befürchtung verbreitet. Sie hatten Angst, sie könnten zu viel reden, auf die Ideen anderer nicht angemessen eingehen und ein zu großes Tempo vorlegen.

«Die Angst, zu dominierend zu sein, war durchaus vorhanden. Ich war derart begeistert, daß ich mich und meine Mitarbeiter regelrecht geschunden habe. Ich weiß es nicht. Vielleicht wurde ich tatsächlich zu dominierend. Vielleicht trauen sie sich nicht, offen darüber zu reden, dachte ich.»

Vom Unterschied, Männer oder Frauen zu führen

Die Alfinen kamen schon bald dahinter, daß Männer anders zu führen waren als Frauen. Die Männer erwarteten einerseits mehr Autorität von oben, hatten andererseits aber auch ein größeres Anerkennungsbedürfnis.

Interessanterweise machte ich die Feststellung, daß der Profilierungsdrang und das persönliche Anerkennungsbedürfnis bei ihnen noch größer ist als bei den Frauen. Meinem Eindruck nach bevorzugen Frauen eher die Anerkennung und das Feedback in der Gruppe.

Wenn eine Gruppe sich bestimmte Ziele setzte, kam es vor, daß die Männer sich davon ausschlossen und/oder nicht vereinbarungsgemäß handelten.

«Ich hatte früher mit Frauen im Team gearbeitet, und es hatte immer hervorragend geklappt. Männer sind diese gemeinschaftliche Arbeitsweise jedoch nicht gewohnt, und daraus ergaben sich Probleme. Es dauerte ziemlich lange, bis ich verstand, daß sie unsere Beschlüsse nicht richtig ernst nahmen. Sie hörten es gerne, wenn eine Sitzung mit dem Spruch endete: ‹Wir haben beschlossen…›, doch am liebsten war ihnen noch immer die Feststellung: ‹Ich habe beschlossen…›»

Die meisten Männer sind es aus naheliegenden Gründen nicht gewohnt, unter einer Chefin zu arbeiten, und die Frauen sahen schon bald ein, daß sie gezwungen waren, ihre Funktion als Chefin deutlich hervorzukehren.

«Ich merkte bald, daß sich zwischen mir und dem Sachbearbeiter ein Konflikt zusammenbraute. Er hatte nie zuvor mit Frauen zusammengearbeitet, ganz zu schweigen mit einer weiblichen Vorgesetzten. Er versuchte immer wieder, mich in väterlichem Ton zurechtzuweisen. Wir haben dann eine Entwicklung durchgemacht, in deren Verlauf er mich sowohl persönlich als auch in meiner Eigenschaft als Chefin zu respektieren lernte.»

Die männlichen Mitarbeiter waren aufgewachsen mit Männern als Chefs, die ihnen klipp und klar zu sagen pflegten, was sie zu tun und zu lassen hatten, und sie hatten es nicht geschafft, sich auf eine Methode einzustellen, nach der bestimmte Zielsetzungen in Form eines Dialogs entstehen. Sie glaubten, weiterhin nach eigenem Ermessen handeln zu können. Interessanterweise haben die Chefinnen bald erkannt, wohin der Hase lief, und haben das Problem auf konstruktive Weise bewältigt. Sie waren sich in überdurchschnittlichem Maße der Tatsache bewußt, wie wichtig es ist, deutlich zu sein, was ja ansonsten keine besondere weibliche Stärke ist. Sie delegierten, wußten sich aber auf der anderen Seite auch unmißverständlich abzugrenzen.

Die Chefinnen geben in den Interviews oft zu Protokoll, daß sie sich anderer Verhaltensweisen befleißigen als die Männer, den genauen Unterschied aber nur schwer erklären können. Ich möchte ihn folgendermaßen beschreiben: Frauen nehmen ihre Aufgabe sehr ernst, haben aber nicht das Bedürfnis, sich persönlich interessant zu machen. Sie reden darüber und setzen sich dafür ein, die Arbeitsbedingungen angenehm zu gestalten. Sie gehen auf Fragen ein, sobald diese aufkommen, und haben keine Scheu davor, Umwege und neue Lösungsansätze auszuprobieren.

Im folgenden wollen wir uns noch gründlicher damit befassen, was hinter den Erfahrungen und Erfolgen unserer «Vorzeigefrauen» steckt.

«Die ist ja schlimmer als ein Mann» – Die verwirrende Botschaft «männlich» führender Frauen

Echte Frau oder verkleideter Mann? Das ist die Schicksalsfrage der Berufsanfängerin. Die Antwort auf diese Frage ist ein Teil der Botschaft dieses Buches.

Frauen müssen in ihrer beruflichen Rolle *als Frau* erfolgreich sein. Sie müssen erkennen, was es bedeutet, Frau zu sein, und diese Erkenntnis in die tägliche Arbeit integrieren.

Viele Frauen haben solche Angst davor, als Frauenrechtlerinnen bezeichnet zu werden, daß sie alle Fragen zur Lage der Frau unter den Teppich kehren. Folglich bewegen sie sich im Arbeitsleben – ohne es zu merken – wie verkleidete Männer. Die «fremden Kleider» vermitteln eine Art doppelte Botschaft, welche die Männer verunsichert. Integriert frau dagegen ihre weibliche Identität in ihr Selbstverständnis, ihre Denkweise, ihre Worte und ihre Taten, so werden beide – sie *und* die Männer – sicherer. Dies ist von entscheidender Bedeutung für eine hohe Führungsqualität. Ich erkannte dies, als ich Anfang der achtziger Jahre Führungsseminare abzuhalten begann, die ausschließlich Frauen vorbehalten waren. Bis dahin hatte ich hauptsächlich mit Männern gearbeitet.

Jene Frauen, die bereits in den sechziger und siebziger

Jahren an ersten Führungskursen teilgenommen hatten, waren oft hervorragend gerüstet: Sie brachten eine gute Ausbildung, Erfahrung und breitgefächerte Kenntnisse mit. Während der Seminare zeigte sich, daß sie auch sprachlich wesentlich sicherer waren als die Männer. Sie besaßen alles – bis auf eines: Durchsetzungsvermögen. Und Durchsetzungsvermögen kann nur jene angehende oder bereits

avancierte Chefin erwerben, die Bewußtsein, Stolz und eine eigene Meinung darüber, was es bedeutet, Frau zu sein, in ihre Selbstdarstellung einfließen läßt.

Diesem Punkt kommt besondere Bedeutung zu, weil der akzeptierte Führungsstil traditionell männlich ist. Frauen fühlen sich gezwungen, sich ihm anzupassen, woraus ein Gefühl der Unsicherheit und Unzulänglichkeit erwächst, das oftmals einen inneren Konflikt heraufbeschwört.

In jener Zeit, in der ich damit begann, Führungsseminare sowohl für Frauen als auch für Männer abzuhalten, war noch keine Rede davon, daß Frauen zu einem «eigenen Führungsstil» finden sollten. Daß Führung Führung nach Männerart war, verstand sich von selbst. Heutzutage hört man von Frauen schon häufiger den Satz: «Ich habe meinen eigenen Führungsstil.»

Leicht ist das allerdings nicht. Oft genug kommt es nämlich vor, daß Frauen in Führungspositionen vom männlichen Vorbild «angesteckt» werden. Ein klares Selbst-Bewußtsein ist erforderlich, wenn frau hier deutliche Grenzen ziehen will.

Zum eigenen Führungsstil und zu Durchsetzungsvermögen gelangt frau nur, wenn sie zufrieden damit und stolz darauf ist, eine Frau zu sein. Viele berufstätige Frauen sagen: «Als Mann hätte ich es viel leichter gehabt.» Die Botschaft, daß frau mit ihrer Rolle als Chefin nur dann zurechtkommt, wenn sie gleichzeitig gerne Frau ist, richtet sich an sie. Eine Chefin wird sich in ihrer Führungsrolle nicht durchsetzen, wenn sie ihr Frausein nicht voll und ganz bejaht und ihre Freude darüber auch zum Ausdruck bringt, sondern vielleicht eher bedauert, kein Mann zu sein. In einer solchen Situation wird sie leicht «angesteckt».

Einer Chefrolle gerecht zu werden, heißt unter anderem, sich selbst klar und deutlich zu zeigen. Deutlichkeit gehört zu den durchgehenden Themen dieses Buches. Es besteht ein auffallender Zusammenhang zwischen Deutlichkeit und der Art und Weise, wie eine Frau zur Chefrolle findet und sich darin definiert. Die Menschen um Sie herum müssen wissen, wer Sie sind – und für Sie selbst gilt das gleiche. Wir müssen uns nicht immer mit anderen messen und so die alte brave Mädchenrolle spielen. Als Chefin muß eine Frau unmißverständlich klar machen, was sie will und wo sie steht.

Frauen urteilen streng

Frauen im Umfeld einer Chefin haben anscheinend besonders empfindliche Antennen für jene Frauen, die nicht unter ihren eigenen Bedingungen Karriere gemacht haben, sondern unter denen der Männer. Der künftigen Chefin muß klar sein, daß ihr an ihrem Arbeitsplatz viele solcher empfindlich registrierenden und reagierenden Antennen begegnen werden.

Frauen, die dem Gefühl ihrer Umgebung nach ihre Führungsposition auf «männliche Weise» erreicht haben, werden übrigens nicht nur von Frauen, sondern auch von Männern sehr streng beurteilt. Allerdings muß man einräumen, daß wahrscheinlich bisher keine Frau Karriere gemacht hat, ohne hie und da die Grenzen zu überschreiten und von männlichen Verhaltensweisen «angesteckt» zu werden. Oft geschieht dies, ohne daß die Frauen es überhaupt merken. Doch nach einer Konferenz, auf der sie zwischen lauter Männern saß und schon anfing, genauso zu reden wie diese, spürt frau es im Magen. Es ist eine Art Trauer über die Selbstverleugnung, der sie anheimgefallen ist.

Frauen sind ausgezeichnete Leiterinnen. Für Männer wie für Frauen. «Etwas leiten» und «Chef sein» ist jedoch nicht dasselbe. In diesem Buch liegt der Schwerpunkt auf dem beruflichen Umgang mit Männern (ein weiteres, das die Beziehung Vorgesetzte – weibliche Untergebene in den Mittelpunkt stellt, ist in Vorbereitung).

Wenn eine Frau eine gute Chefin sein will, muß sie zunächst einmal sich selbst eine gute Chefin sein. Einige wichtige Dinge sollte sie auf jeden Fall beherrschen:

Sie muß – erstens – Ansprüche stellen können und zwar auch an sich selbst.

Sie darf die eigenen Fähigkeiten und Möglichkeiten nie aus dem Blick verlieren. Oft sagen Frauen in Führungspositionen von sich selbst, sie seien privilegiert. Doch so einfach ist das nicht. Keine Frau macht Karriere, nur weil sie Glück gehabt hat! Erfolgreiche Frauen verfügen selbstverständlich über große Kraftressourcen. Sie stellen Ansprüche an sich selbst und haben ein feines Gespür für die speziellen Anforderungen einer Aufgabe. Unter uns gesagt: Viele Frauen stellen zu hohe Ansprüche an sich selbst.

An dieser Stelle ist eine Warnung angebracht. Sie gilt jener Kategorie junger Frauen, die glauben, sie könnten Karriere machen, nur weil sie Frauen sind. Darin liegt eine gewisse «jugendliche» Selbstüberschätzung. Sie glauben, daß die Stunde der berufstätigen Frau geschlagen hat, und schließlich «hat ja bis jetzt alles geklappt». Doch so einfach ist das nicht. Wer nicht bereit ist, sich selbst viel abzuverlangen, wird den Weg nach oben nicht schaffen.

Frauen müssen – zweitens – lernen, auch an ihre Umgebung Ansprüche zu stellen, und dies fällt ihnen oft sehr schwer. Sie müssen imstande sein zu sagen: «Ich möchte das so haben und nicht anders.»

Frauen müssen – drittens, und auch dies ist sehr wichtig – den Anspruch auf direktes und angemessenes Feedback erheben. Dies gilt allerdings nicht nur für Chefinnen und solche, die es werden wollen, sondern für Frauen ganz allgemein. Beide, Männer und Frauen, reden am Arbeitsplatz zuviel *über* Frauen und deren Tun und Lassen, jedoch zuwenig *mit* den Betroffenen selbst. Über Frauen wird das Urteil gesprochen, ohne daß sie die Chance haben, sich zu verteidigen. Und oft sind die Ansichten sehr oberflächlich und schablonenhaft. «Die ist so und so...», heißt es, und darauf wird sie dann festgenagelt.

Um in ihrer Führungsposition bestehen zu können, müssen Frauen – viertens – auch den Konkurrenzkampf lernen. Eine gesunde Einstellung zur Konkurrenz ist der erste Lernschritt zum Sieg – und zu der Fähigkeit, gegebenenfalls auch verlieren zu können. Frau muß sagen können: «Hier hat der oder die Beste gewonnen.» Und wenn sie selbst die Oberhand behielt: «Ich habe diese Stelle oder jene Anerkennung bekommen und sie mir auch verdient.»

Schließlich geht es bei Frauen in Führungspositionen auch um die Solidarität der Frauen untereinander. Ohne ein Stück Frauensolidarität kann frau nicht Chefin sein und die erforderliche Durchschlagskraft gewinnen. Zur Frau-

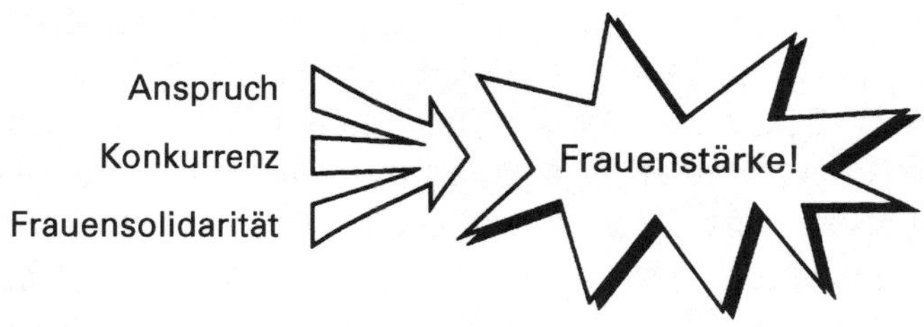

Ansprüche – *auch an sich selbst* –, Konkurrenz *und* Frauensolidarität. *Eine Führung unter diesen drei Vorzeichen entwickelt* FRAUENSTÄRKE.

ensolidarität gehört zum Beispiel das kollektive Gefühl, daß Frauen *gemeinsam* etwas erreichen können. Faire Konkurrenz dagegen ist kein Verbrechen an der Frauensolidarität, welche allerdings auch erfolglose Frauen und solche, die in Positionen ohne Aufstiegschancen arbeiten, einschließen muß. Man darf nicht aufhören, sich Gedanken darüber zu machen, wie sie und ihre Tätigkeit am besten gefördert werden können.

Anspruch, Konkurrenz und Frauensolidarität – eine Führung unter diesen drei Vorzeichen entwickelt Frauenstärke!

Wir entwickeln Frauenstärke – und damit Führungsstärke

Führen lernen heißt Frauenstärke entwickeln, heißt, als Frau ein Arbeitsklima und eine Arbeitskultur zu schaffen, die Kreativität nutzt und fördert und zu neuen Erkenntnissen führt. Das Wissen und Können der meisten Menschen wird nur unzureichend genutzt. Untersuchungen zeigen, daß junge Leute keine Arbeitskultur akzeptieren, an der sie nicht teilhaben dürfen, sich nicht einbringen können und in der ihr Wissen nicht berücksichtigt wird.

Ulla Wikander, Dozentin für Wirtschaftsgeschichte in Uppsala, wies auf diese Zusammenhänge hin: «Feministische Forschung geht von der Hypothese aus, daß das traditionelle, unser Wissen formende Gedankensystem das Denkvermögen derart begrenzt, daß das Verhalten jedes in diesem Gedankensystem handelnden Individuums dadurch beeinflußt wird.»

Das Zitat zeigt *in nuce*, warum wir dringend mehr Frauen in Führungspositionen brauchen!

Wenn Frauen als Frauen – und nicht als schlechte Männerkopien – im Berufsleben Erfolg haben, ergibt sich eine neue Dimension. Die neue Form der Kreativität und die neuen Einsichten, die sich infolge eines veränderten Arbeitsklimas und einer anderen Kultur herausbilden, stellen für die guten männlichen Kollegen keine Bedrohung dar. Bedroht fühlen sich die «ewigen Jungen», nicht die erwachsenen, reifen, selbstbewußten Kollegen. Beruflich erfolgreiche Frauen «bedrohen» nur die, die unterbewußt fühlen, daß sie eigentlich zu Unrecht auf ihrem Sessel sitzen. Und noch eines: Frauen müssen insbesondere Männer dieses Schlages führen und anleiten können und sich deutlich von ihnen abgrenzen.

Solche Männer sind es auch, die noch immer stur behaupten, daß es überhaupt keine Rolle spiele, ob jemand Mann oder Frau sei, und daß die individuelle Kompetenz allein den Ausschlag gebe. In einem Leitartikel von *Dagens Nyheter* schrieb Chefredakteur Hans Bergström: «Jene Kraft, die heute unter den Frauen entsteht, könnte sich ohne eine breite Erfahrungsgrundlage gar nicht entwickeln.» Zu dieser Grundlage gehören insbesondere Erfahrungen mit solchen Männern, die Erfolg hatten, weil sie männlichen Geschlechts sind.

Gerade deshalb ist es so wichtig, daß Frauen von sich sagen können: «Ich bin stolz, daß ich die Stelle bekommen habe, weil (obwohl) ich eine Frau bin.» Wie schwer fällt es doch den meisten Frauen, laut und deutlich zu sagen, daß sie stolz auf das Erreichte und sich selbst sind! Männer sind so viel schneller bereit, sich gut zu finden!

Vorbilder finden

Es ist von großer Bedeutung, gute Vorbilder unter den eigenen Geschlechtsgenossinnen zu finden. Das eigene weibliche Ego entdeckt frau im Vergleich mit anderen Frauen, die sie in einer oder anderer Hinsicht für gut und vorbildlich hält. «So wie sie möchte ich auch sein. So wie sie will ich auch handeln.»

Manche Teilnehmerinnen an meinen derzeitigen Führungsseminaren geben an, daß sie früher von Lehrgängen speziell für Frauen gar nichts wissen wollten. Inzwischen wählen sie sie mit Bedacht aus. Sie empfinden anscheinend ein Bedürfnis, den Wunsch nach Ergänzung. Auffallend ist, wie schwer es diesen Frauen fällt, weibliche Vorbilder zu finden.

Frauen sagen oft, daß sie keine Vorbilder haben. Doch

wenn sie anfangen, genauer darüber nachzudenken, ändert sich das. Es sieht so aus, als hätten die Frauen die Augen allzulange geschlossen gehalten. Dies hat natürlich damit zu tun, daß sie innerlich eine unbewußte Frauenverachtung mit sich herumtrugen, in der im übrigen einer der Gründe dafür liegt, daß manche Frauen keine höhere Position anstreben.

Die eigene, oft subtile und verborgene Frauenverachtung bei sich selbst zu erkennen und ihr gegenzusteuern, ist eine ebenso schwere wie wichtige Aufgabe. Um es zu schaffen, müssen wir lernen, andere Frauen wirklich wahrzunehmen und zu sehen, was sie leisten. Warum?

Wenn eine Frau andere Frauen beobachtet, beginnt in ihrem Kopf unbewußt ein Denkprozeß, der von der Prämisse ausgeht: «Was die kann, kann ich auch.» Man will keine Eigenschaften nachahmen, die man nicht selbst besitzt – wenn auch nur latent und unbewußt.

Frauen brauchen weibliche Vorbilder. Auf der Suche danach wird ihnen klarwerden, daß sie in ihrer beruflichen Karriere meist männliche Vorbilder hatten und von ihnen beeinflußt wurden. Der erste Schritt, damit zurechtzukommen, besteht darin, sich in anderen Frauen zu spiegeln. Der zweite Schritt auf dem Weg zur Entdeckung der eigenen Fähigkeiten ist der, daß frau sich gestattet zu prüfen. Was zu prüfen? Ob es nicht möglich ist, einen Schlußstrich zu ziehen unter die Mädchenkultur, die sich infolge der industriellen Revolution im 18. und

19. Jahrhundert entwickelte. Mädchenkultur, das hieß, daß die Frau schwach, passiv und leise sein, sich um die Alltagsdinge kümmern und ansonsten im Hintergrund halten sollte. Dieses Frauenbild lebt, stärker, als wir denken, bis auf den heutigen Tag fort. Prüfen heißt, sich die Freiheit herauszunehmen, eingefahrene Verhaltensmuster zu brechen. Eingefahrene Verhaltensmuster brechen heißt Mut zum Anderssein und Mut, sich mit Ungleichheiten auseinanderzusetzen.

Es gibt verschiedene Methoden, eingefahrene Gleise zu verlassen. Auf zwei von ihnen möchte ich besonders hinweisen. Die eine besteht darin, das zu tun, was die Männer tun – aber nach Frauenart. Ein Beispiel dafür bietet die Macht. Frau muß eine Art der Machtumsetzung finden, die sich von der der Männer unterscheidet. Die zweite Methode besteht darin, den Kontakt zu anderen Frauen zu suchen und zu pflegen, sie zu beobachten, zu

Um führen zu können, müssen sich Frauen Z e i t nehmen zum Nachdenken – zum inneren Monolog

prüfen und zu akzeptieren. Von Frauen, die anders sind, lernt eine Frau Neues; mit ihrer Hilfe entwickelt sie sich weiter. Spitzen Sie also die Ohren und passen Sie gut auf, wenn Sie mit Frauen zu tun haben, die anders sind und anders denken. Falls eine Frau unverbrüchlich an der kulturellen Botschaft von der Gleichheit aller Frauen festhält, verharrt sie rettungslos in der Mädchenrolle. Das Mädchen mag niemanden, der nicht so ist wie es selbst. Seltsamerweise dürfen Männer anders sein, Frauen jedoch nicht!

Ohne Zeit zum Nachdenken findet frau in einer Führungsposition nicht zur eigenen Rolle. Wir Frauen müssen uns die Zeit zum Nachdenken nehmen. Die Gesellschaft erwartet von uns, daß wir uns Zeit für sie, «die anderen», nehmen, für jene, um die wir uns irgendwie zu «kümmern» haben. Auf Dauer geht das nicht. Frauen, die nur für andere Zeit haben, werden früher oder später «Opfer». Um eine gute Chefin zu sein, muß eine Frau in sich selbst ruhen. Sie muß sich Zeit für den inneren Monolog mit sich selbst gönnen, um dann auch mit anderen fruchtbare Gespräche führen zu können. Übrigens übersehen auch viele Männer diese Tatsache. Über sich selbst nachzudenken heißt, einen Ort zu haben, an dem man geborgen ist, zu dem man immer wieder zurückkehren, wo man sich ausruhen kann. Wer es wagt, auf sein Wissen und seine Kompetenz zu vertrauen, schafft sich diesen Ort, an dem die eigene «Pflanze» wächst. Das

Wurzelsystem entwickelt sich mit Hilfe der weiblichen Identität.

Gesucht: Nahrung für die Seele auf dem schwierigen Weg nach oben

Das Wurzelsystem braucht Nahrung. Ich bin der festen Überzeugung, daß die Nahrung der Frauen Zeit ist. Frauen müssen sich diese Zeit gönnen, sich Zeit schenken. Um bei dem Bild der blühenden Pflanze zu bleiben: Die weibliche Identität muß ständig gegossen und gepflegt werden, damit sie Wurzeln schlagen und erblühen kann. Das Wurzelsystem mit dem soliden Stengel ist das Bewußtsein von Frauenstärke in früheren Zeiten, ja innerhalb der eigenen Familie. Wir kennen unsere eigene Frauengeschichte schlecht. Sie ist noch nicht geschrieben, und wir haben nur wenig Ahnung davon, was Frauen in der Vergangenheit in der Familie und außerhalb davon geleistet haben.

All dies müssen die Frauen selber tun, niemand nimmt ihnen das ab. Die Pflanze muß gegossen und gepflegt werden, damit der Stengel gesunde Blätter ausbildet und dadurch bessere Bedingungen für die Nahrungsaufnahme erhält. Frau muß durch das Wurzelsystem Tiefe gewinnen und mit Hilfe der Blätter Breite.

Das Bild mit der Pflanze soll die Fähigkeit zur Selbstwahrnehmung veranschaulichen. Wer über diese Fähigkeit verfügt, hat auch den Mut, sich selbst durch die Begegnung mit Frauen, die anders sind, zu prüfen. Frau erkennt sich durch die Auseinandersetzung mit Ungleichem und mit Ungleichheiten.

Frauen leben mit Männern. Und die sind anders als sie selbst. Eine mühsame Angelegenheit. Dauernd anders zu sein, ist anstrengend. Deshalb fühlen sich viele Frauen zu Frauen hingezogen, die ihnen möglichst ähnlich sind. Wenigstens die Freundin soll gleich denken und fühlen!

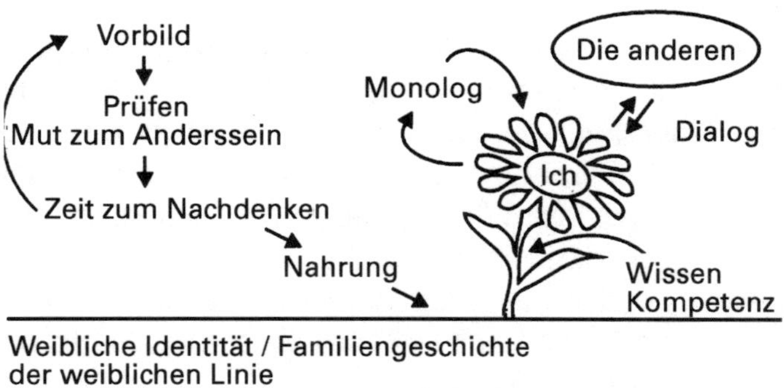

Die Frau ist wie eine Blume mit der Identität in der Wurzel und einem Stengel aus Wissen und Kompetenz. Gedüngt mit Zeit zum Nachdenken über sich selbst, kann diese Pflanze beliebig groß, schön und kräftig werden.

Doch dabei wachsen wir nicht, nehmen wir keine Nahrung auf. Die Nahrung kommt von der Ungleichheit in der Gleichheit.

Eine Chefin sagte mir einmal: «Jetzt, nachdem ich mir ein profundes Wissen über unsere Arbeit in dem Entwicklungsprojekt angeeignet habe, traue ich mich, an Frauen heranzutreten, von denen mir bekannt ist, daß sie anders denken als ich. Ich habe den Mut, mir ihre Meinungen und vielleicht auch ihre Kritik an meinen Leistungen anzuhören. Früher, als ich noch unsicher war, hatte ich diesen Mut nicht. Jetzt macht es mir nichts mehr aus, mich an Menschen zu wenden, die mir neue Blickwinkel und Perspektiven zeigen können.»

Wer sich traut, seine «Kritiker» anzusprechen, und sich anhört, was sie zu sagen haben, gewinnt automatisch neue Erkenntnisse, Eindrücke und sogar Vorbilder. Dies gilt besonders dann, wenn die Kritiker dem eigenen Geschlecht angehören. Wir wachsen an der Bereitschaft, uns auch einmal kritisieren zu lassen! Und wir erweitern dabei unseren Horizont. Es ist nicht immer vorteilhaft, ähnlich zu sein und ähnlich zu denken; da bleibt frau, wie schon erwähnt, in der Mädchenrolle stecken. Außerdem wird eine Frau, der es gelingt, andere Meinungen und andersdenkende Vorbilder zu akzeptieren, selbst zum Vorbild für andere.

Nicht alle Frauen können in Führungspositionen aufrücken, und doch haben sie das Recht, sich ihrem Potential entsprechend zu entwickeln. Aber auch dieser Weg ist oft steinig und mühsam. Stärken wir uns daran, wie zur Zeit in der ganzen Welt die Weiblichkeit wiederentdeckt und aus den Erfahrungen der Frauen heraus definiert wird. Eine revolutionäre Neuerung, wenn wir bedenken, wer bisher Weiblichkeit definiert hat – nämlich die Männer. Ihre Definition von Weiblichkeit galt in der Gesellschaft genauso wie in der Arbeitswelt. Sie wurzelt in bewußten und unbewußten, kulturell und sozial bedingten Erwartungen an die Frauen. Viele unbewußte Projektionen spielten bei diesem Prozeß eine Rolle.

Nun geht es darum, daß die Frauen sich vom Anpassungszwang an das männliche Bild von Weiblichkeit befreien und selbst entdecken, wer sie sind. Das ist ein schwieriger Prozeß mit dem Ziel, eine viertausendjährige Unterdrückung zu beenden – doch der Anfang ist, immerhin, gemacht!

Daß, Was und Wie

Eine Frau aus dem mittleren Management eines Betriebes ruft an und berichtet besorgt, ein Mitglied der Konzernleitung sei angereist. Er habe einen Plan für die Firma entwickelt, der folgendermaßen in die Tat umzusetzen sei: «Jetzt bringen wir die Sache hinter uns. Ab die Post.» Das habe er zu ihr gesagt.

«Aber, aber...» wendete die Chefin ein. «Haben Sie daran gedacht, daß...» Sie wies darauf hin, daß einige Kollegen nicht besonders kooperativ seien, daß anderen gut zugeredet werden müsse, daß Veränderungen ihre Zeit brauchen... Sie stand da und redete von Relationen und Prozessen – und ihr wurde nur gesagt: «Ab die Post...»

Ein Beispiel für das, was in diesem Kapitel besprochen werden soll. Durchsetzungsvermögen ist ein Schlüsselwort für gute Führungsqualitäten. Wie kommt man als Chef(in) dazu?

Führungskraft bezieht sich auf drei Dimensionen, die ich gemeinhin «Daß», «Was» und «Wie» nenne. Hinter «Daß» und «Was» verbirgt sich Wissen. Wer führen will, muß übergreifende Kenntnisse über das Unternehmen und die dort zu leistende Arbeit besitzen: Anderenfalls ist man nicht imstande, Anweisungen zu geben. Der Chef oder die

Chefin muß sich jedoch nicht in allen Detailfragen auskennen, sondern seine oder ihre Mitarbeiter dazu motivieren können, das Beste aus sich herauszuholen. Er oder sie sollte wissen, über welche Kenntnisse und Qualitäten die Mitarbeiter verfügen und «wie» diese am besten zu nutzen sind. Das «Wie» bezieht sich unter anderem auf meine Persönlichkeit: Wie werde ich verstanden? Wie verhalte ich mich in Wort und Tat, um andere auf meine Seite zu bekommen? Im «Daß» und im «Was» steckt das genaue Wissen um den Inhalt der Führungsaufgabe. Im «Wie» steckt die Persönlichkeit, die darüber entscheidet, ob meine Mitarbeiter mir folgen werden oder nicht. In Schweden – und wahrscheinlich auch anderswo – spielt die Kenntnis der Führungsaufgabe eine viel zu große, die Persönlichkeit dagegen eine viel zu kleine Rolle.

Die Mitarbeiter im Betrieb sind bereit, bestimmten Vorgesetzten zu folgen, während sie anderen die Gefolgschaft verweigern. Ein Chef, der alles besser wissen will, wird von den Mitarbeitern in Frage gestellt. Er oder sie mischt sich überall ein und gibt den anderen keine Entfaltungs- und Entwicklungsmöglichkeiten. Nachdem ich mich lange mit der Frage beschäftigt hatte, warum die großen, mit Wissen vollgeladenen «Fuhrwerke» am Ende umkippen, fielen mir die kleinen, ärgerlichen Grasbüschel auf, die man eigentlich gar nicht beachten möchte. Vor vergleichbaren Erscheinungen in der Persönlichkeit eines

Menschen schließen wir die Augen. Ist die Persönlichkeit zu schwach, neigt man dazu, das Defizit mit «Daß» und «Was» zu kompensieren. Das wichtige «Wie» gerät ins Hintertreffen. Auf die Kompetenz kommt es an, heißt es dann. Scharfsichtige Frauen, die menschliche Mängel seismographisch spüren, erkennen den Zusammenhang oft ganz klar und sagen: «Er ist einfach keine Persönlichkeit, niemand, dem man zu folgen bereit ist.» Das Durchsetzungsvermögen liegt in der Persönlichkeit – im «Wie»!

Stolperstein Geschlecht

Ob Mann oder Frau – von Geburt an werden wir von unserem Geschlecht geprägt. «Es ist ein Junge – ein prächtiger, starker Bursche!» – «Es ist ein Mädchen – niedlich und mit blauen Augen!» Nach meiner Überzeugung werden wir gleich geboren, aber so ungleich behandelt, daß wir später ungleich werden. Für Männer, zumindest im Berufsleben, wäre es viel einfacher, wir kämen schon ungleich auf die Welt – dann ginge das mit der Diskriminierung nämlich in Ordnung!

Oft höre ich, daß ich in einem Land lebe, das in puncto Gleichberechtigung in der Welt eine Spitzenstellung einnimmt; einem Land, das für seine Bemühungen auf diesem Sektor von anderen Ländern sogar Preise erhielt. Doch

Ausländer, die zu uns kommen und sich bei uns umsehen, erkennen bald, daß der Stand der Gleichberechtigung bei uns nicht ihren Erwartungen entspricht. Die Unterdrückung der Frau hat sich in Schweden von einer offenen in eine verborgene, subtile und strukturelle Unterdrückung verwandelt. Der Grund dafür ist meines Erachtens darin zu suchen, daß wir die Rolle des Geschlechts leugnen. Als Beraterin werde ich oft gebeten, Konflikte am Arbeitsplatz zu lösen. Dabei habe ich festgestellt, daß es in erstaunlich hohem Maße um geschlechtsbedingte Konflikte geht. Heute bin ich der Meinung, daß siebzig bis achtzig Prozent aller Konflikte in diese Kategorie fallen.

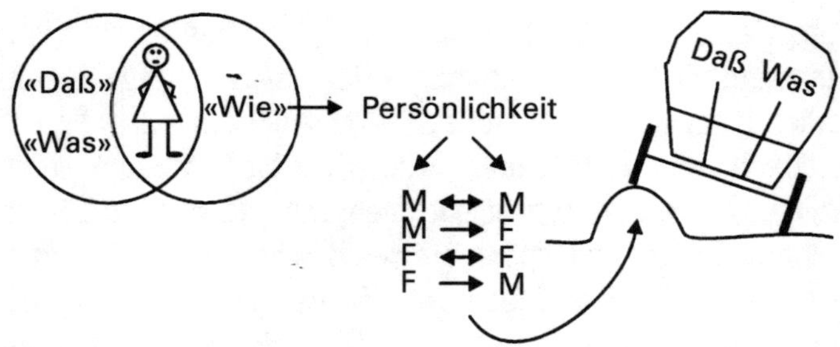

Man wird nicht als Mann oder Frau geboren, sondern man wird es. Hier liegt der Grund für die Konflikte zwischen den Geschlechtern, die das Berufsleben prägen und jene «Stolpersteine» entstehen lassen, die später die großen Fuhrwerke umkippen.

Die gravierendste Konfliktursache in der schwedischen Arbeitswelt – und diejenige, die uns am teuersten zu stehen kommt – hat ihren Ursprung darin, daß Männer miteinander nicht zurechtkommen; daß sie einander nicht ausstehen können. Nach außen hin sind sie die besten Freunde, intern führen sie einen Kampf bis aufs Messer. Der Grund dafür ist die große Angst des kleinen Jungen vor dem gleichaltrigen Rivalen, ein «Krieg der Jungen», wie ich ihn in einem meiner früheren Bücher näher beschrieben habe.

Die zweitgrößte Konfliktursache ist die, daß Männer nicht mit starken Frauen zurechtkommen. Diese Konflikte sind auf kurze Sicht vielleicht nicht so kostspielig – auf längere Sicht jedoch um so mehr. Es gibt möglicherweise kein anderes Land in der Welt, in dem die Frauen so gut ausgebildet sind wie in Schweden – und doch haben wir im Vergleich mit anderen Ländern nur wenige Frauen in leitenden Positionen. In einer von neuem Denken geprägten Zeit können solche Konflikte sehr teuer werden.

Eine dritte Konfliktursache – beliebtes Gesprächsthema unter Männern – sind Frauen, die mit anderen Frauen nicht zurechtkommen. Dieses Problem ist nicht zu leugnen; es ist zum Teil durch eine Gesellschaft verursacht, die den Frauen wenig Möglichkeiten geboten hat, fruchtbar zusammenzuarbeiten. Doch möchte ich festhalten, daß diese Konfliktform nur höchst selten ernsthafte ökonomische Konsequenzen nach sich zieht. Konflikte, die ihren

Grund darin haben, daß Frauen Männer nicht ertragen können, gibt es in Schweden kaum: Hier müssen sich Frauen anpassen, sonst werden sie versetzt. Wenn Frauen mit Frauen nicht zurechtkommen, steht das oft in Zusammenhang mit der Situation der Männer in leitender Stellung. Geraten die Männer unter Druck, werden sie in eine Rolle hineingezwungen, die ihnen nicht behagt – und das wirkt sich dann auch auf die Frauen aus. Der Satz «Die schlimmsten Feinde der Frauen sind die Frauen» fällt am häufigsten in Konfliktsituationen auf Leitungsebene. Frauen übernehmen das männliche Unbehagen – und spielen es gegeneinander aus. Aus dieser Perspektive geht hervor, wie wichtig es ist, daß sich die Frauen mit dem Problem auseinandersetzen und, indem sie deutliche Grenzen ziehen und offen miteinander reden, dagegen angehen. Falls sie nachgeben oder einfach einen Rückzieher machen und auf die Führungsposition verzichten, wird das Problem auf absehbare Zeit unlösbar bleiben. Noch haben die Frauen nicht gelernt, Grenzen zu ziehen, offen zu reden und die diversen Ausdrucksformen des Geschlechterkonflikts zu erkennen. Sie erkennen sie nicht, weil die Norm immer eine männliche war – und es bis heute ist.

Es heißt oft, daß Frauen aus Mangel an Selbstvertrauen nicht genug Durchsetzungsvermögen hätten. Das Wort Selbstvertrauen hat in diesem Kontext eine fast mythische Bedeutung erhalten. Mangelndes Selbstvertrauen ist auch eine Art Selbstschutz geworden. Es steht für «sich nicht trauen».

Doch was ist das eigentlich – Selbstvertrauen? Bedeutet geringes Selbstvertrauen Mangel an Wissen, Mangel am «Daß» und am «Was»?

Im ursprünglichen und eigentlichen Sinn des Wortes bedeutet Selbstvertrauen, daß man sich und dem, was man tut, vertrauen kann. Es bedeutet, daß die Leistung stimmt. Wichtig für Frauen ist die Einsicht, daß die Ursache für geringes Selbstvertrauen nur selten Wissensmangel ist. Frauen, die Karriere gemacht haben, kennen ihr Metier – das «Daß» und «Was».

Der Mythos dagegen lautet: Frauen kennen sich nicht gut genug aus. Diese Aussage wird ständig wiederholt. So hörte ich erst vor kurzem in einer Wirtschaftssendung im Radio einen Generaldirektor sagen, daß Frauen in seinem Konzern keine Spitzenposten bekämen, weil es ihnen an der entsprechenden Kompetenz fehle. Das ist schon ein starkes Stück: Ein Konzernchef kann heutzutage in Schweden, ohne sich zu schämen, öffentlich verkünden, daß in seinem Betrieb entwicklungsfähige Angestellte beschäftigt werden, deren Entwicklungspotential in keiner Weise gefördert wird!

Eigenartigerweise erwartet unsere Kultur von den Frauen, daß sie sich zu ihren Wissenslücken bekennen. Ein aufschlußreiches Beispiel aus der akademischen Welt: Ein Medizinprofessor fragt seine Schüler vor der Prüfung: «Nun, beherrschen Sie Ihren Stoff?» – «Na ja», sagen die Studentinnen, «ein bißchen mehr hätten wir schon noch lernen müssen.» – «Aber sicher», erwidern dagegen ihre männlichen Kommilitonen. «Wir sind absolut auf dem laufenden.» – Nach der Prüfung stellt sich heraus, daß die Frauen deutlich besser abgeschnitten haben als die Männer.

Um Durchschlagskraft zu entwickeln, müssen die Frauen den Mythos von ihren angeblichen Kenntnismängeln kennen. Es ist eine Tatsache, daß Frauen oft besser ausgebildet sind als ihre gleichrangigen männlichen Kollegen. Eine Untersuchung unter PR-Chefs mehrerer Unternehmen ergab, daß die Männer unter ihnen von der Ausbildung her entweder Journalisten waren, eine Magisterprüfung vorweisen konnten oder den sogenannten «langen Weg» hinter sich hatten. Die Frauen in gleicher Stellung hatten dagegen meist sowohl den Magistertitel als auch eine abgeschlossene Journalistenausbildung – und nicht eine hatte den «langen Weg» gebraucht. Das Beispiel ist typisch für die Verhältnisse heutzutage – und trotzdem sagen die Frauen immer, ihre Bildung sei unzureichend.

Die Ausbildung als solche darf natürlich nicht mit jenen übergreifenden Kenntnissen verwechselt werden, die man sich, wenn man nicht in der Alltagsroutine steckenbleibt, im Laufe der Zeit durch die Erweiterung der Perspektive auf seinem Gebiet aneignet. Diese übergreifenden Kenntnisse benötigen sowohl Männer als auch Frauen.

Die Unsicherheit, unter der viele Frauen leiden, hat also selten etwas mit ihrem Wissen, sondern mit ihrem Verhalten zu tun. Um Durchschlagskraft zu gewinnen, müssen Frauen «authentisches Verhalten» entwickeln. Das ist schwer, denn männliche Verhaltensweisen sind die Norm und scheinen deshalb «normal» und richtig. Aber Sicherheit ist nur in einem der Persönlichkeit gemäßen Verhalten zu finden. Für Frauen heißt das: in dem ihnen gemäßen weiblichen Verhalten. Und was das ist, müssen sie oft selber erst herausfinden.

«Ich kann nicht genug!» – Aufräumen mit der falschen Selbsteinschätzung

In meiner Tätigkeit als Beraterin führe ich viele Interviews mit Männern und Frauen, die an Seminaren für Führungskräfte teilnehmen wollen. Frauen geben in diesen Gesprächen oft an, daß sie sich mit Hilfe des Lehrgangs mehr Wissen über ihr eigenes Fachgebiet aneignen wollen. Nehmen wir zum Beispiel das Projekt einer Großbank. Am

Anfang des Interviews erklärt mir eine Frau, daß sie nicht genug über Kredite wisse. Nach dem Interview, das über eine Stunde dauerte, fasse ich zusammen: «Wenn Sie in dieses Projekt aufgenommen werden wollen, müssen Sie sich zunächst einmal im Kreditwesen auskennen.» Die Frau war frustriert. Dann stellte sich heraus, daß sie gerade über das Kreditwesen hervorragend informiert war, daß sie alle diesbezüglichen Fragen eigenständig löste und auch sogenannte «Feuerwehrjobs» übernahm. Und gerade weil sie dies alles konnte, hatte ihr Chef sie zu dem Interview geschickt – wo sie, die Kandidatin, dann behauptete, sich ausgerechnet im Kreditwesen nur unzureichend auszukennen.

Diese Verhaltensmuster müssen Frauen ändern. Niemand kennt Ihr Wissen besser als Sie selbst, und wenn Sie als Frau behaupten, nicht genug zu können, werden andere hellhörig.

In Führungsgremien findet sich der Gegensatz zu diesem Verhalten. Sie sind heutzutage fast ausschließlich mit Männern besetzt. Bei meiner Arbeit mit solchen Gruppen ist mir oft aufgefallen, daß Männer sich fast immer als unerhört bedeutend und kenntnisreich darstellen. Doch wenn es dann zur Sache geht – und da rückt man ziemlich nahe an die Persönlichkeit heran –, stellt sich allmählich heraus, daß sie von der Angelegenheit und der Funktion, vom «Daß» und vom «Was», eigentlich gar nicht besonders viel wissen. Manchmal bezeichnen sie sich sogar selbst als «Bluffer», als jemanden, der zu leicht vorangekommen ist.

Und andersherum: Die falsche Selbstsicherheit der Männer

Selbstvertrauen hat jeder, der weiß, daß er seine Sache gut macht. Das Problem der Frauen liegt, wie gesagt, darin, daß es kulturell erlaubt ist zu sagen: «Ich kann das nicht», obwohl ich es sehr wohl kann und mir dessen vollauf bewußt bin.

«Frauen im Berufsleben» war der Titel eines der ersten Fortbildungsseminare nur für Frauen. Es dauerte drei Tage. Zu Beginn des Seminars wurden die Teilnehmerinnen gebeten, vor einem Publikum, das ihnen zum größten Teil nicht bekannt war, zehn Minuten lang von sich selbst zu erzählen. Redegewandt und facettenreich berichteten sie über ihr geringes Selbstvertrauen. Mein Kommentar dazu: «Es setzt einiges Selbstvertrauen voraus, zehn Minuten lang sein geringes Selbstvertrauen schildern zu können.»

Selbstbewußtsein entwickeln bedeutet, das eigene Verhalten zu erkennen, zu definieren, was für ein Mensch frau sein möchte, und sich die Bedeutung dessen vor Augen zu führen, was es heißt, eine Frau zu sein. Darin liegt auch eine Abgrenzung gegenüber dem anderen Geschlecht.

Solange die Definition des Weiblichen den Männern überlassen wird, bleiben Frauen Mädchen.

Das geringe Selbstvertrauen hat seinen Grund darin, daß Frauen das eigene, weibliche Verhalten nicht gestalten durften oder sich selbst dessen Gestaltung versagten. Männern fehlt es anscheinend nicht an Selbstvertrauen. Doch wofür stehen ihre Selbstsicherheit und ihr Selbstvertrauen?

In meinen Interviews mit Führungskräften sagen die Männer immer, daß sie eben ihr Metier beherrschen. Das Leitungsgremium insgesamt funktioniert vielleicht nicht so gut, sie selbst aber sind voll auf Zack, vor allem zusammen mit dem Direktor. Allmählich schält sich ein Muster heraus. Das nach außen zur Schau getragene Selbstbewußtsein steht lediglich für eine bestimmte Art der Selbstsicherheit und erweist sich bei näherer Betrachtung als gar nicht so groß.

Wenn die Männer sich nicht darum bemühen, ihr «Wie» zu entwickeln – wer sie sind, was sie wollen und woran sie glauben –, wirkt sich dieser Mangel an Persönlichkeit auch auf ihr Wissen aus, das «Daß» und das «Was». Die innere Erfahrung, vor etwas davongelaufen zu sein – letztlich dem eigenen Ich –, zwingt sie dazu, zu kompensieren. Mehr und mehr stürzen sie sich auf das «Daß» und «Was», um immer gescheiter zu werden. Lernt man die Persönlichkeit dieser Männer besser kennen, so zeigt sich, daß sie oft noch mehr als Frauen das Gefühl haben, Bluffer zu sein.

Sie sind es natürlich nicht, doch sind sie von dem geradezu existentiellen Gefühl besessen, etwas verpaßt zu haben, und daß alles viel zu schnell geht.

Unsichere Männer suchen gerne die Nähe anderer, möglichst ähnlicher Männer, die sagen, daß sie nicht das sind, was sie in ihrem Innersten fürchten. Jene Männer suchen folglich bei anderen Männern Bestätigung dafür, daß das, was sie fühlen, falsch ist.

Männer, die ihre Unsicherheit hinter einer selbstsicheren Maske verbergen müssen und andere Männer zur Unterstützung ihres schwankenden Selbstgefühls brauchen, sind ein Problem für die berufstätigen Frauen. Sie sind nämlich diejenigen, die das richtige Verhalten zu «besitzen» glauben. Was sie tun und sagen, ist das einzig Richtige. Von eben diesen Männern muß frau sich abgrenzen lernen – und um dazu in der Lage zu sein, muß sie zuerst zu ihrem eigenen Verhalten gefunden haben.

Besagte Männer benötigen überdies kenntnisreiche, fähige Frauen um sich, die sich einbilden, sie seien weder das eine noch das andere. Es ist ein Teufelskreis. Unbewußt gibt man den Frauen zu verstehen, auf ihren Posten zu bleiben, weil sie – was nicht gesagt, aber gedacht wird – zuwenig Fachkenntnisse besitzen. Gleichzeitig braucht man sie, weil sie so ungemein viel wissen. In Diskussionen um die Einstellung von Führungskräften hört man immer wieder: «Sie kann was. Sie ist sehr tüchtig, aber…»

Wer das sagt, sind Männer, die Frauen um sich

brauchen, welche ihre Selbstsicherheit nicht erschüttern und sie nicht spüren lassen, daß sie Bluffer sind. Das große «Aber» versperrt frau den Weg nach oben; sie ist «anders», ihr Verhalten abweichend – sie weiß zuviel, verheimlicht es jedoch.

Ich habe niemals männliche Vorgesetzte kennengelernt, die bei einer internen Diskussion über die Einstellung von Führungskräften verbal in Frage stellten, daß die Fachkenntnisse einer Frau für eine Beförderung ausreichten. Diejenigen, bei denen Zweifel an der fachlichen Eignung zu bestehen schienen, kamen von vornherein nicht in Frage. Die Chefs sagten statt dessen immer: «Sie versteht ihr Fach, *aber...*» Alsdann folgt die Kritik an andersartigen, abweichenden Verhaltensweisen, worin zum Ausdruck kommt, daß die Frau den männlichen Besitzanspruch bezüglich der Verhaltensnorm nicht bestätigt.

Frauen müssen daher – als einfache Angestellte oder als Chefin – lernen, Grenzen zu ziehen und ihre «Eigenart» klar deutlich zu machen. Andernfalls erliegen sie der «Gefühlsansteckung», ein Begriff, den ich in früheren Büchern beschrieben habe. Artig und wohlerzogen eignen sie sich die Unsicherheit an, die die Männer von ihnen erwarten. Zur Vermeidung dessen muß frau eine innere Sicherheit anstreben, damit sie, wenn das Schema bedroht und die Struktur in Frage gestellt wird, mit der äußeren Unsicherheit zurechtkommt. Dies ist ein schwieriger Prozeß.

Selbstverständlich gibt es auch Männer mit einer echten, in gesundem Selbstgefühl ruhenden Selbstsicherheit und mit Selbsterkenntnis. Solche Männer setzen Frauen nicht der «Gefühlsansteckung» aus und haben keine Angst vor starken Frauen.

Wer befördert schon seine Mutter?

Die Beschäftigung von Frauen erfolgt willkürlich – sie dürfen nur unter bestimmten Bedingungen am Arbeitsleben teilnehmen. Und viele Forscher weisen darauf hin, daß dies oft in der Rolle der «Mutti» geschieht. Warum?

«Sie sind sehr tüchtig. Das Leben steht Ihnen offen. Sie werden erreichen, was Sie wollen.» Vielen Frauen klingen beim Abschluß ihrer Ausbildung diese Worte im Ohr. Sie waren in der Schule erfolgreich. Sie haben viel Lob eingeheimst. Sie bilden sich ein, daß auch weiterhin alles reibungslos verlaufen wird.

Auf das, was sie erwartet, sind junge Frauen nicht vorbereitet. Wer Probleme, die möglicherweise auf sie zukommen könnten, auch nur andeutet, wird oft beschieden, er solle den Teufel nicht an die Wand malen. «Bis jetzt habe ich keine Probleme gehabt. Jetzt komm mir ja nicht mit diesem Frauengetue!»

Das Lob ihrer «Tüchtigkeit» lockt die Frauen in eine Falle. Sie werden ermutigt abzuwarten, bis sie zum Tanz aufgefordert werden. Doch wer sie auffordert, sind Männer, und sie zwingen sie, rückwärts und gegen den Uhrzeigersinn zu tanzen – der eigenen Kraft entgegen. Eines schönen Tages erkennen sie, daß es doch nicht so einfach war, wie sie es sich vorgestellt hatten. Es gibt viele Gründe dafür – das ganze Buch handelt davon! Ein wichtiger Faktor ist allemal die weibliche Persönlichkeit. Werfen wir einen Blick darauf.

Stellen wir uns die Persönlichkeit der Frau wie ein Faß vor, das gefüllt werden soll. Die eigentliche Persönlichkeit, das eigene Ich, die Identität, bedeckt den Boden des Fasses. Sodann wird das Faß mit unterschiedlichen Verhaltensansprüchen gefüllt. Vor meinem inneren Auge sehe ich ganz oben in diesem «Persönlichkeitsfaß» auch eine Art Scholle, die andeutet, wo sich das «Mädchen» in der Persönlichkeit befindet.

Seit Ende des neunzehnten Jahrhunderts ist die Persönlichkeit der Frau von dem «Mädchen» beherrscht worden und wird es noch heute. Die Frauen haben es den Männern überlassen, das «Mädchen» zu gestalten und zu definieren. Geformt von starken männlichen Signalen, schwimmt es wie ein Korken auf der Persönlichkeit. Es sind Signale, denen frau problemlos folgen kann, da sie ihr auf kurze Sicht Lob und Wertschätzung verschaffen. Langfristig wirken sie dagegen destruktiv, weil sie die Persönlichkeitsentwicklung blockieren. Wenn sich die allseits bewunderten und geschätzten Mädchen nicht zu erwachsenen Frauen entwickeln können, laufen sie Gefahr, in späteren Jahren zu verbitterten Opfern zu werden, die zutiefst darüber enttäuscht sind, daß ihnen das Leben nicht mehr geboten hat.

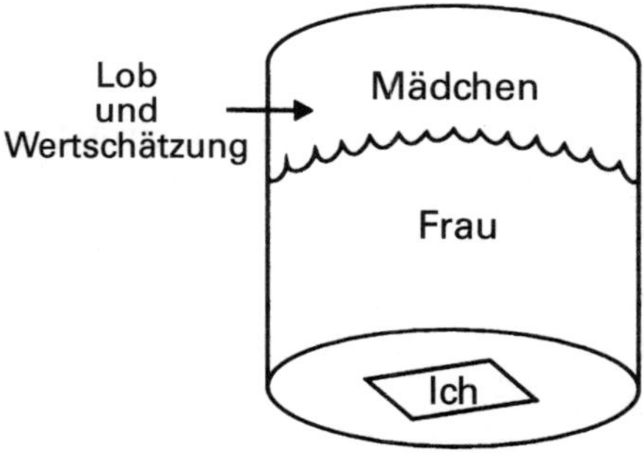

Das «Mädchen» schwimmt wie ein Korken auf der weiblichen Persönlichkeit und blockiert deren Entwicklung.

In der Mädchenrolle steckenzubleiben ist nur allzu leicht. Beim ersten Schritt ins Berufsleben bekommen junge Frauen oft zu hören, sie seien wie ein frischer Wind, so süß, so schön und so fröhlich. Das Feedback bezieht sich fast nur auf das Mädchenhafte in ihrer Persönlichkeit; ihre Qualifikation und die Kritik an ihrer Arbeit kommen dagegen meistens zu kurz. Sie müssen darauf aufmerksam gemacht werden, daß man ihre Irrtümer und Fehler nur übersieht, weil sie so lieb, so frisch und so fröhlich sind. Und es ist für die Gesellschaft ja so viel einfacher, wenn brave Mädchen brave Mädchen bleiben.

Sei still!

Die «Mädchenbotschaft» hat noch einen anderen Aspekt, der, wie wir von den Soziologen wissen, in der Erziehung begründet ist: Das feine Mädchen hält den Mund. Dies wirkt sich unmittelbar auf die Durchsetzungsfähigkeit und die Führungsqualität als Chefin aus. Begabung, Kreativität und Leistungsvermögen erzeugen auch Redegewandtheit, Neugier und Unverfrorenheit. All diese Eigenschaften werden bei Mädchen unterdrückt. Begabte Mädchen wachsen oft mit folgenden Sprüchen auf: «Sei still!» – «Quatsch nicht soviel!» – «Beruhige dich!» Wie soll sich frau unter diesen Voraussetzungen die notwendige Durchsetzungsfähigkeit aneignen, wenn sie als Kind dazu erzogen wurde, sich ständig rücksichtsvoll und still zu verhalten? Die späteren Aufstiegsmöglichkeiten der Frauen werden bereits durch solche Erziehungsmethoden untergraben.

Es ist eine vielleicht schmerzhafte, aber notwendige Einsicht für Frauen, daß sie zeitlebens dazu angehalten und ermutigt wurden, Mädchen zu sein, und das wirkt sich nachteilig für sie aus, wenn Firmen und Organisationen ihre Führungsreserven auffüllen wollen. Wie oft habe ich in diesem Kontext die Bemerkung gehört: «Nein, nicht sie. Sie ist nicht stark genug.» Unterhielt ich mich mit den betroffenen Frauen unter vier Augen, erkannte ich sie als stark und zielbewußt. In Gegenwart der Chefs aber –

und da liegt der Hund begraben – waren sie wie ausgewechselt. Ich sehe, wie der Chef wie ein großer Vater zu ihnen spricht – und die Frauen wissen nur einen Ausweg: Sie benehmen sich wie kleine Mädchen, fast untertänig, kichernd, zufrieden und brav. Man greift sich wirklich an den Kopf!

Ein Grund dafür, daß Frauen in der destruktiven Mädchenposition verharren, ist auch darin zu suchen, daß sie sich bemühen, die Männer zu verstehen. Sie überlegen, wie sie es den Männern recht machen können, und versuchen, sich entsprechend anzupassen. Wenn diese angepaßten Frauen dann älter werden, suchen sie überall Gründe für ihr Scheitern. Der eigentliche Grund ist jedoch

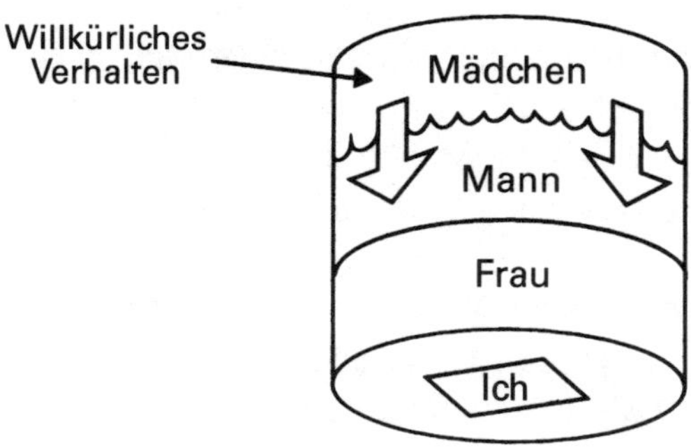

Wenn sich das «Mädchen» anpaßt und versucht, die Männer zu verstehen, entwickelt sich die maskuline Seite der Persönlichkeit zu stark.

ihre Anpassung. Sie sind in ganz typischer Weise nie aus ihrer Mädchenrolle herausgekommen.

Wenn eine Frau sich anpaßt und versucht, die Männer zu verstehen, entwickelt sich die maskuline Seite der Persönlichkeit. Zwar sollte sie ein gutes Verhältnis zu diesem Teil ihrer Persönlichkeit haben – jede Frau hat auch einen männlichen Part in ihrer Persönlichkeit –, doch besteht die Gefahr einer zu starken Entwicklung jener Seite. In der Zeit des Heranwachsens findet eine innere Begegnung zwischen dem Weiblichen und dem Männlichen statt, auf die die weiblichen Führungskräfte, die ich interviewt habe, bei der Schilderung ihrer Jugend immer wieder zu sprechen kommen. Sie hatten ein gutes Verhältnis zu ihrem Vater: «Wir zwei gegen Mutti, hieß es bei uns», sagte die eine. Eine andere berichtete: «Man hatte keine bestimmten Erwartungen an mich – nur tüchtig sein sollte ich, das schon.» Und: «Ich sollte nicht schlechter sein als die Männer.»

Was die Frauen davon abhielt, mit dem Schema weiblich/männlich zu brechen, war, wie einige sagten, die Angst vor der «kalten Welt da draußen». Die Furcht nahm Gestalt an durch das, was man ihnen vom Verhalten der anderen, «schlechteren» Mädchen erzählte.

Oft berichten die Chefinnen auch, daß sie schon früh das Gefühl hatten, anders zu sein als die anderen Mädchen, Außenseiterinnen, die nicht in die Mädchenclique aufgenommen wurden und keine «beste Freundin» hatten. Einige bewußte Frauen sagen, sie hätten sich schon früh entschieden, sich nicht in die Mädchenrolle drängen zu lassen. Sie verzichteten auf die Gemeinschaft mit anderen Mädchen, weil sie – an erwachsenen Vorbildern – erkannten, wohin Anpassung und Einengung führten.

Die Furcht vor der Wut

Auch über ihre Angst vor der Wut berichteten die Chefinnen. Der Vater spukte für sie immer im Hintergrund herum. «Vater legte Wert darauf, daß ich meine Wut nicht zeigte, daß ich nicht widerspenstig war», sagen sie. Wut ist gefährlich, lautete die Botschaft. Von zwanzig Frauen in hohen Führungspositionen durfte sich in ihrer Jugend nur eine offen zu ihrer Wut bekennen. Das brave, tüchtige Mädchen mußte, wenn es zornig war, seine wahren Gefühle verheimlichen. Manche wurden nach Wutanfällen sogar streng bestraft. Auch sie konnten also nicht alle Seiten ihrer Persönlichkeit ausleben.

Autoritäre Väter, die beruflich sehr eingespannt waren, gestatteten es ihren Töchtern nicht, einen eigenen Willen zu entwickeln. Klare Regeln bestimmten das geduldete Verhalten. Das Kind hatte tüchtig zu sein, ohne jedoch wütend werden und sich gegen die existierenden Verhaltensmuster auflehnen zu dürfen. Die Angst vor der Wut wurde auf diese Weise bei den Frauen schon früh geschürt.

Im Hintergrund steht sehr oft ein dominanter Vater, der die Tochter einerseits ermutigte und ihr andererseits verbot, den vorgegebenen Rahmen zu verlassen. Außerdem lenkte er das Mädchen mit dessen heimlichem Einverständnis darauf hin, «nicht so zu werden wie Mutti».

In allen Führungsseminaren tritt dieses Muster in Erscheinung. Die Teilnehmerinnen berichten im großen und ganzen über die gleichen Erlebnisse. (Was nicht heißt, daß es nicht auch abweichende Jugenderfahrungen gibt.) Die Wissenschaftlerin Margot Bengtsson in Lund hält fest, daß die Chefinnen von heute sich in ihrer Jugend mit ihren Vätern identifizierten, besonders wenn die Mütter machtlos und allzusehr ans Haus gebunden waren. Sie vertritt die Ansicht, daß die Zukunft der jungen Frauen sich anders gestaltete, wenn die Mütter eine eigene Identität hatten und selbständiger waren.

Schlimmer als die Männer

Wie entwickelt sich eine Chefin, der es an Durchsetzungsvermögen fehlt und die ihr weibliches «Wie» nicht gefunden hat? Sie wird es schwer haben. «Sie ist schlimmer als ihre männlichen Kollegen», sagen die Mitarbeiter zum Beispiel über sie. Das ist sicher so nicht richtig. Fakt ist jedoch, daß Frauen strenger beurteilt werden als Männer. Wenn aber die Männer sagen: «Sie ist schlimmer als der schlimmste Mann», verstehen sie darunter eine Frau, die wie ein Mann agiert. Die Männer erkennen sich selbst wieder und reagieren entsprechend. Sie sehen sich selbst durch das andere Geschlecht deutlicher.

Eine solche Chefin verhält sich oft genauso, wie mit ihr selbst einst umgegangen wurde. Sie ist auf die Männerart «reingefallen» und wurde von ihr «angesteckt». Doch nun, da sie selber Macht besitzt, empfinden ihre Mitarbeiter diese Haltung als falsch. «Sie fühlt sich nicht wohl, und wir fühlen uns mit ihr als Chefin nicht wohl.» Die Urteile sind in der Tat sehr hart.

Wenn man die Frauen dann interviewt und die Situation besser kennenlernt, stellt sich heraus, daß diese Chefinnen auch nicht schlimmer sind als mittelmäßige Männer in der gleichen Position, die man meist seufzend gewähren läßt. Bei den Frauen sind die Ansprüche und Erwartungen unendlich viel größer – daher die harschen Urteile, wenn sie sich ähnlich verhalten. Von einer Chefin wird soziale Kompetenz erwartet. Erfüllt sie diese Erwartung nicht, wird der Stab über sie gebrochen.

Meiner Meinung nach geht es hier aber nicht allein um Erwartungshaltungen. Wenn sich eine weibliche Vorgesetzte nicht wohl fühlt in ihrer Haut, das heißt also, wenn sie nicht in Übereinstimmung mit sich selbst ist, erkennen das die Mitarbeiter sehr viel deutlicher als bei einem männlichen Chef. Um sich durchsetzen zu können, muß sie einen klaren Begriff von ihrer Weiblichkeit sowohl in ihre Persönlichkeit als auch in ihre berufliche Rolle integrieren. Entsprechend unserem Bild mit dem «Persönlichkeitsfaß» heißt das, daß ganz unten über dem Faßboden ein «Ich» sein muß, das sich dessen bewußt ist, was es «gerade für mich» bedeutet, Frau zu sein. Diese weibliche Kompetenz muß ständig fortentwickelt werden.

Manchmal kommt es vor, daß sich etwas im «Ich» bewegt. Es kommt vor, daß Frauen, die sich zuvor nie mit Frauenfragen befassen wollten, plötzlich zu einer Art Einsicht gelangen. Sie verspüren das Bedürfnis, als Mensch zu wachsen und ein wahrheitsgetreues Spiegelbild von sich selbst zu bekommen, den Wunsch, im Gespräch mit anderen Frauen sich selbst zu finden. Das eine bedingt das andere: Eine Frau sucht andere Frauen, die sie aus persönlichen und/oder beruflichen Gründen schätzt, und sucht in ihnen sich selbst.

Es kann gar nicht oft genug gesagt werden, wie wichtig es ist, daß Frauen mit Frauen in ähnlichen Situationen Kontakt aufnehmen und sich in ihnen spiegeln. Es handelt sich um einen Prozeß, der im Grunde erst in den letzten Jahren richtig in Gang gekommen ist. Wenn Frauen jedoch zusammenkommen – und sei es im kleinsten Kreis –, wird die Lage für den Mann bedrohlich, vor allem, wenn sich die Frauen in ihrer beruflichen Rolle geborgen fühlen. Also versucht er, die Situation mit Ironie und Scherzchen zu überspielen. Unterhalten sich zwei Frauen miteinander, heißt es gleich: «Na, was brütet ihr denn aus?» Sitzen drei Frauen zusammen, sagen die Männer im Vorbeigehen: «Da hockt die Frauenmafia beieinander.» Eine Frauengruppe ohne Mann wird als höchst bedrohlich empfunden.

Es kann auch so aussehen: Ich hatte den Auftrag, vor der sich mit Zukunftsperspektiven befassenden Arbeitsgruppe einer politischen Partei laut über künftige Entwicklungen nachzudenken. Die Gruppe bestand aus fünf Männern und fünf Frauen. Die fünf Frauen und zwei der Männer trafen zuerst ein. Jene drei Männer, die sich nach und nach dazugesellten, wurden von den bereits anwesenden mit der Bemerkung begrüßt: «Schön, daß du da bist. Wir fühlten uns etwas unterlegen.» Es handelte sich keineswegs um Chauvis, und es war auch nicht als Jux gemeint.

Frauen sind meist dankbar, wenn sie in einer Siebenergruppe wenigstens zu zweit sind. Zwei Männer fühlen sich gleich unterlegen! Das Beispiel zeigt, wie hilfreich es sein kann, jenes Gefühl des Bedrohtseins zu erkennen, das Männer empfinden, wenn Frauen sich unter ihresgleichen geborgen fühlen und in der Überzahl sind.

Der Weg zur Entdeckung der eigenen Weiblichkeit ist für viele Frauen lang und schmerzlich. Sie müssen sich vom «Mädchen» in ihnen, der nur kurzfristig erfolgreichen Mädchenrolle, lösen und statt dessen die «Frau» definieren – die erwachsene Frau in ihnen selbst. Das ist schwierig, da doch das Mädchen so viel Applaus und Aufmerksamkeit erhält – daß die handfeste Belohnung ausbleibt, zeigt sich ja erst im nachhinein. Und was die erwachsene Frau bekommt, erscheint doch eher ungewiß…

Bin ich zu dominant?

Oft habe ich Frauen gesehen, die mit selbstverständlicher Autorität auftraten. Sie trugen ihr Anliegen vor, waren mit sich selbst im reinen und wußten ihre Zuhörer auf ihrer Seite. Es waren Frauen mit echter Ausstrahlung. Doch später schlug ihnen auf einmal das Gewissen. Sie fürchteten, zu dominant gewesen zu sein, und nicht nur das, sondern auch zu unweiblich. Wir haben diesen Zwiespalt schon an früherer Stelle einmal erwähnt.

Daß die Frauen inzwischen begonnen haben, Weiblichkeit selbst zu definieren und sich intensiv damit auseinandersetzen, ist ein großer Schritt vorwärts. Solange sie «Mädchen» bleiben, überlassen sie es den Männern, und die verstehen unter Weiblichkeit «Mädchenhaftigkeit». Die «Frau» ist frei von Anpassung und unbelastet von Schuldgefühlen. Sie hat ihre eigene innere Wahrheit gefunden und gewinnt daraus Lebensfreude. Das mädchenhafte Gekicher weicht dem Lachen einer Frau, einem Lachen, das aus der Tiefe kommt. Es zu hören ist ein Genuß! Es ist Ausdruck von Freude und Selbstvertrauen.

Woran liegt es, daß zum Beispiel in Schweden nicht

mehr Frauen leitende Positionen bekleiden? Warum findet man sie meist weiter unten in der Hierarchie? Die Antwort darauf gibt die hervorragende Untersuchung *Mäns föreställingar om kvinnor och chefskap* (etwa: «Frauen und Chefinnen aus der Sicht der Männer»). Sie zeigt, daß wir in diesem Punkt, verglichen mit ähnlichen Ländern, ziemlich schlecht abschneiden. In Schwedens Arbeitswelt gibt es einen sehr breiten Mittelbau mit dem höchsten Prozentsatz an arbeitenden Frauen in der Welt – und eine äußerst geringe Anzahl von mit Frauen besetzten Spitzenjobs. Dieses Mißverhältnis beruht darauf, daß den Frauen bei uns nur der Eintritt ins Berufsleben leicht gemacht wird. Um voranzukommen, bedarf es dann aber vor allem eigener Identität, der ständigen intensiven Suche nach dem eigenen Ich. Im «Persönlichkeitsfaß» befinden sich das Mädchen, der Mann, die Frau und die Identität. Doch zwischen all dem gibt es noch Platz, der von der «Mutti» okkupiert wird. Frauen dürfen teilhaben, wenn sie damit einverstanden sind, «Muttis» zu bleiben. Und wer befördert denn seine Mutti?

Die berufstätige Mutter muß immer dasein, zuhören, schuften – auch abends, um dann am nächsten Tag frisch und fröhlich wieder aufzutauchen, froh und dankbar darüber, daß man ihr am Vortag beim Aufräumen des Büros zugesehen hat, was wahrscheinlich nicht der Fall war.

Die «Muttikultur»

Wir haben in Schweden eine «Muttikultur» entwickelt. «Mutti» hat als erwachsene Frau keinen Zutritt zum Berufsleben; sie stört das System. Alle Männer haben oder hatten eine Mutter. Der Mann wurde in dem Glauben erzogen, daß sie froh und dankbar darüber ist, daß er da ist, mit ihr redet und sich ihr anvertraut. Am öffentlichen Leben, dort, wo die großen Entscheidungen getroffen werden, darf sie allerdings nicht teilnehmen. Sie muß sich mit den hinteren Rängen zufriedengeben.

Die «Muttirolle» steht in einem engen Zusammenhang damit, daß Frauen meinen, sie seien unzureichend ausgebildet und verfügten in den Augen der Männer nicht über ausreichende Kompetenz. Eine Mutter kann ja nicht kompetenter sein als ihre großen Söhne.

Das «Kind», der erwachsene Sohn oder die Tochter, müssen mehr wissen als die Mutter, um sich von ihr abnabeln zu können. Hinzu kommt, daß eine Frau in der «Muttirolle» sich ängstigt und schlecht delegieren kann. Sie gibt die Kontrolle nicht aus der Hand – «Mutti weiß am besten, was richtig ist.» Dahinter verbirgt sich die Angst, nicht gut genug zu sein. Die Angst erzeugt Stillschweigen, Stillschweigen führt zu unterdrückter Wut, und unterdrückte Wut ist schließlich die Ursache von Aggressivität. Wenn solche Frauen sich zu etwas äußern, das nichts mit Hegen und Pflegen zu tun hat, klingen sie aggressiv.

Wer befördert schon die eigene Mutti? Hierin liegt das Dilemma vielleicht nicht nur der Schwedinnen.

Die Politologin Anna Jónasdóttir hat in ihrer Doktorarbeit eine hervorragende Untersuchung dieses Themas vorgelegt. Ihre Abhandlung *Love power and political interest* hieß in der Presse «Frauenliebe gibt Männern Macht». Die Mutter – «Mutti» – gibt unentwegt von ihrer Liebe ab. Die Männer sehen es als ihr Recht an, ständig zu nehmen, erwidern die Liebe jedoch nicht im gleichen Ausmaß. Laut Anna Jónasdóttir ziehen die Männer persönlich Kraft aus der Ausbeutung der Frau. Ich bin fest davon überzeugt, daß «Mutti» eine ausgebeutete Frau ist.

Anna Jónasdóttirs Argumentation sieht ungefähr folgendermaßen aus: Heutzutage herrscht eine formale Gleichberechtigung, und die Frauen sind in wirtschaftlicher Hinsicht relativ unabhängig von ihren Männern. Früher galt es als selbstverständlich, daß das Wirtschaftsleben und die Arbeitsbedingungen weitgehend von Männern beherrscht wurden. Seit die Frauen unabhängig sind, gilt dies nicht mehr. Doch wenn dem so ist – warum setzt sich dann fast immer *er* durch, wenn sich ein Mann und eine Frau, die beide wissen, was sie wollen und beide gleich qualifiziert sind, um eine Stellung oder ein politisches Amt bewerben? Es gibt wohl keinen anderen Grund dafür als den, daß *er* eben ein Mann ist.

Anna Jónasdóttir erklärt das Problem damit, daß Frauen, wenn sie geben, gleichzeitig Sorge tragen für etwas. Dies dürfte mit meiner Auffassung übereinstimmen, daß Frauen zuhören, verstehen, Zeit haben, fürsorglich sind, die Männer aufbauen und ihnen wieder und wieder Kraft und Selbstvertrauen schenken. Für die Männer ist das alles selbstverständlich. Was nicht heißt, daß sie sich ebenso verhalten. Und solange Frauen sich so verhalten, bleiben sie auch Muttis.

Anna Jónasdóttir weist auch darauf hin, daß Männer Frauen nicht helfen, ihre Identität in ähnlicher Weise aufzubauen, wie Frauen es den Männern gegenüber tun. Sie geht davon aus, daß die Macht der Männer eine – mit

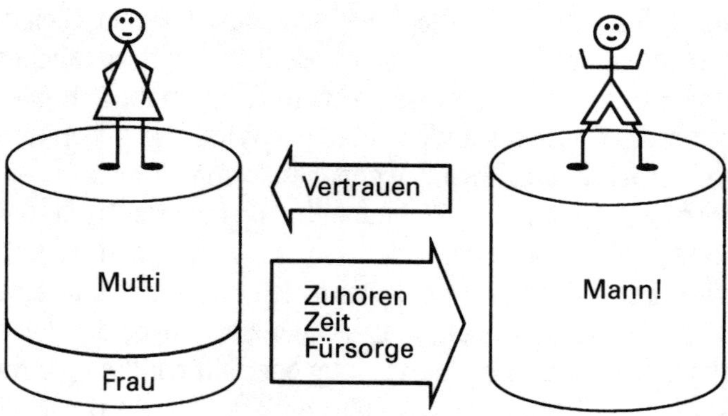

Die Fürsorge der Frau baut den Mann als einmalige Schöpfung auf, die ihm Kraft und Selbstvertrauen verleiht.

meinen eigenen Worten – «akkumulierte Mutterliebe» ist und daß die Frauen den «Mehrwert» der Männer erzeugen, mit Hilfe dessen die Männer später die Frauen unterdrücken und beherrschen.

Die Erziehung der Frau ist auf Liebe in Form von Fürsorge ausgerichtet, eine Art existentielle Schöpfungskraft, der sich zu bedienen die Männer gelernt haben. Dieses Muster bestimmt die Beziehungen zwischen den Geschlechtern auch am Arbeitsplatz und in der Politik.

Mutti möchte ja so gerne beliebt sein, auch als Chefin. Sie möchte, daß alle zufrieden sind und meinen, daß sie alles recht macht. Aber gerade das ist völlig unmöglich. Eine reife Frau agiert viel härter. Sie weiß, wann etwas recht ist und – daß nicht immer alles recht sein kann.

Am Arbeitsplatz wird «Mutti» in privaten Angelegenheiten angesprochen. Man bringt ihr viel Vertrauen entgegen, und sie übernimmt eine Art «Containerfunktion», wie ich es ausdrücke. Im Berufsleben sind jedoch nicht die privaten Gespräche von Belang, sondern die öffentlichen oder dienstlichen. Aus diesem Grund paßt «Mutti» nicht ins Milieu, die «Frau» dagegen durchaus. Was Muttis daran hindert, Frauen zu werden, ist der Umstand, daß sie für andere zuviel Verantwortung übernehmen und für sich selbst zuwenig. Die amerikanische Autorin Harriet Goldhor Lerner hat das überzeugend beschrieben. «Muttis» und «Mädchen» müssen vertrieben werden, damit Platz für die «Frau» frei wird.

Viele Frauen wissen das sehr gut und verhalten sich doch anders. Zu groß die Angst vor der Verantwortung für das eigene Leben, zu groß die Angst, die «Liebe» der anderen zu verlieren und damit «unattraktiv» zu werden. An dieser Gefühlsambivalenz muß dagegen gearbeitet werden. Und diese Arbeit muß gemeinsam mit anderen Frauen geleistet werden, damit eine realitätsgetreue Selbstspiegelung möglich ist.

«Wir bemühen uns, Frauen zu fördern»

Nur wenige Frauen bekleiden Führungspositionen. Aber fast jeder Firmendirektor beteuert: «Wir bemühen uns intensiv darum, Frauen zu fördern.» Stimmt das? Es lohnt sich, in diesem Zusammenhang über folgende Äußerung nachzudenken: «Der Grund dafür, daß es hierzulande so wenige Chefinnen gibt, besonders in einem derart von Frauen dominierten Gremium wie dem Landtag, ist der, daß so wenige Frauen Chefinnen sind.»

Sehr geistreich, nicht wahr?

Wer, wie ich, jahrelang Führungskräfte aus- und fortgebildet hat, begegnet mindestens dreimal pro Woche in den Chefetagen Männern, die von sich behaupten, daß sie wirklich alles tun, was in ihrer Macht steht, um Frauen in leitende Stellungen zu befördern. Doch was sie außerdem sagen ist: «Die Frauen wollen ja gar nicht» oder «Es gibt einfach keine».

Diese Bemerkungen fallen oft in einem privaten Kontext. Nach einer solchen Begegnung habe ich daher einmal an den zuständigen Herrn einen Brief geschrieben, in dem ungefähr folgendes stand: «Ich sehe ein, daß Sie sich bemüht haben, Frauen in leitende Funktionen zu bringen, und es tut mir leid, daß es Ihnen nicht gelungen ist.

Könnten Sie mir aber bitte mitteilen, wie Ihre Förderungsmaßnahmen im einzelnen ausgesehen haben? Ich möchte – ohne Beratungshonorar und nur unserer alten Freundschaft und der Sache wegen – den Dingen einmal nachgehen und mir eine Meinung dazu bilden.»

Ich bekam nie eine Antwort.

Es ist typisch. Große Worte allenthalben – doch selbst, wenn es nichts kostet, wird die Chance, sich helfen zu lassen, nicht wahrgenommen.

Die schon erwähnte staatliche Untersuchung über die schwedischen Unternehmen zeigt, daß noch immer annähernd die Hälfte von ihnen keine einzige Frau in einer Position beschäftigt, die größtmögliche Aufstiegsmöglichkeiten bietet.

«Wir tun alles zur Förderung der Frauen.»

Das sind leere Worte. Die Betriebe und Organisationen sehen nicht ein, daß die geforderte Kompetenz vorhanden ist, daß sie aber schlecht integriert und genutzt wird. Weibliche Kompetenz zu erkennen, fällt männlichen Vorgesetzten schwer. Es heißt auch, das Problem liege bei den Frauen; sie hätten Schwierigkeiten mit der Familie und Selbstvertrauensdefizite.

Nach meinem Eindruck haben Männer überhaupt nichts gegen weibliche Kompetenz als zuverlässige Reserve, sofern sie in der Hierarchie unter oder hinten ihnen steht. Wesentlich schwerer fällt ihnen dagegen die Einsicht, daß Frauen ebenso kompetent oder kompetenter sein können als sie selbst und aus diesem Grund befördert werden sollten.

Nach der Beförderung eines männlichen Mitarbeiters wird der Chef oft allseits gelobt: «Sie haben ihn entdeckt, gefördert und ihn zu unserem Vorgesetzten gemacht.» Wie anders ist das bei den Frauen! Wird eine Frau befördert, heißt es: «Hat sie sich bei Ihnen nicht wohl gefühlt?» Das kulturelle Verhaltensmuster im Berufsleben schreibt vor, daß frau sich am Arbeitsplatz wohl fühlen, dort bleiben und mit ihrem Job zufrieden sein soll. Wir wissen auch, daß ein Mann, je höher er selbst in der Hierarchie angesiedelt ist, desto eher dazu neigt, Frauen in leitende Funktionen zu bringen. Doch je höher die eigene Stellung, desto ferner ist die Konkurrenzproblematik als solche. Die, die ganz oben sitzen, kostet es nichts, vorzugeben, daß sie gerne Frauen fördern.

Kommt Ihnen folgender Dialog bekannt vor?

«Warum hat *sie* die Stellung nicht bekommen?»

«Gerade jetzt können wir *ihn* nicht übergehen!»

Sehr bezeichnend und enthüllend ist das folgende Zitat eines «Headhunters»: «Die Eignung eines Menschen für Spitzenpositionen erfährt man am besten durch die Befragung der Ehefrau.»

Ein Mensch ist also ein Mann!

Ich möchte an dieser Stelle einen weiteren typischen Fall schildern. Ein Direktor setzte sich öffentlich für die Frauenförderung ein und landete damit einen Publicity-

Erfolg. Doch für die Frauen sprang dabei gar nichts heraus. Es handelte sich um eine Firma im Aufwärtstrend. Harte Arbeit für ein gutes Ergebnis, hieß die Devise. Eine frisch eingestellte Frau entschloß sich zu schuften, denn schließlich kam es auf das Resultat an. Um Zeit zu gewinnen, verzichtete sie bewußt auf den Aufbau von engeren Beziehungen. Selbstredend nahm sie eine wichtige Stelle im Betrieb ein. Sie wurde gesehen, gehört, gefragt. Außerdem kannte sie sich in der Mann-Frau-Problematik so gut aus, daß sie sich nicht auf die üblichen Spielchen einließ.

Und doch: In den Augen der Mitarbeiter hatte sie zu viele Freiheiten. Die Jungs bekamen es mit der Angst zu tun. Vor allem kamen sie nicht damit zurecht, daß die Frau sich nicht an den üblichen Beziehungsspielchen beteiligte. Sie hatte sich bewußt entschieden, ihre Kraft nicht in Beziehungen zu investieren, weil sie davon ausging, daß «nur das Ergebnis zählte». Sie war in ihrem Aufgabenbereich außerordentlich erfolgreich, wurde aber wegen ihrer «schlechten Beziehungen» kritisiert. Der besagte Direktor, der gesagt hatte: «Wir tun alles, was wir können, um Frauen in leitende Positionen zu bekommen», unterstützte sie in Wirklichkeit gar nicht – ebensowenig wie die Frauen, die selbst auf höhere Stellungen im Betrieb erpicht waren.

Als sie den Direktor auf die Kritik und den Mangel an Unterstützung ansprach, übte dieser Solidarität mit seinen

«Jungs» und deren Spiel. Die Frau war wesentlich erfolgreicher als ihre männlichen Kollegen – doch der Direktor traute sich nicht, sie zu unterstützen, weil er einen Konflikt mit den Männern vermeiden wollte, die neidisch auf ihre guten Leistungen waren!

So sieht das also aus. Es heißt, daß nur der Erfolg zählt. Sind jedoch Frauen erfolgreich und treten sie obendrein noch als Spielverderberinnen im Sandkasten auf, ist das Resultat am Ende doch nicht ganz so wichtig. Die Frau, von der ich erzählte, tappte in die Falle. Sie dachte, es käme wirklich auf das Ergebnis, eine gute Leistung, auf den Einsatz an. Sie erwies sich als stark, sachlich und kompetent. Wenn aber die Starken stürzen – die Frau begriff einfach nicht, was lief, und spürte nur, daß der Boden auf einmal unter ihr zu beben begann –, dann stürzen sie verdammt hart. Natürlich wurde ihr vom Direktor auch noch abweichendes, andersartiges Verhalten vorgeworfen.

Für Frauen wie die hier geschilderte ist der Sturz auch deshalb besonders schmerzhaft, weil ihnen ein Frauen-Netzwerk fehlt. Statt zu reden, Kaffee zu trinken und sich am allgemeinen Getratsche zu beteiligen, arbeiten sie. Sie haben nicht die Unterstützung anderer Frauen, die den Sturz abfedern könnte, und bekommen kein Feedback auf ihre Tätigkeit – und sie haben natürlich auch Fehler gemacht. Der Fall ist prototypisch: Ohne ein Frauen-Netzwerk gegenseitiger Unterstützung riskiert frau mitunter einen schweren Sturz.

Ist eine Frau trotz harter und erfolgreicher Arbeit gescheitert, macht sie sich oft selbst Vorwürfe. «Es liegt an mir», sagt sie. Nach außen hin gibt sie sich gleichmütig und verzieht keine Miene – innerlich sucht sie die Schuld bei sich selbst. Frauen und Männer sind in dieser Hinsicht unterschiedlich.

Auf welche Kompetenz kommt es an?

«Wir fördern Frauen», heißt es ständig. «Den Frauen fehlt es an Kompetenz», heißt es aber auch. Bei genauerem Hinsehen stellt sich dann heraus, daß Chefinnen formal fast immer kompetenter sind als ihre männlichen Kollegen – die arbeitswissenschaftlichen Forschungen bestätigen es. Nach außen hin ist die Rede von einer «Ausbildungskompetenz». Innerhalb des Unternehmens ist diese Kompetenz jedoch nicht ausschlaggebend. Die Kompetenz, auf die es ankommt, besteht darin, ein Mann zu sein.

Es ist ein Märchen, daß die Einstellungspraktiken und die Karrierechancen auf sachlichen Beurteilungen basieren. Sie gründen sich vielmehr auf stereotype Männer- bzw. Frauenbilder. Irgend jemand – ich glaube, die schwedische Reichstagsabgeordnete Bigitta Wistrand – sagte einmal: «Frauen, die Karriere machen wollen, sollten wie ein Mann sein, dürfen es aber nicht.» Das trifft den Kern des Problems.

Wenn Frauen männlich werden und sich wie Männer verhalten, werden sie, wie ich schon ausführte, vom männlichen System hart bestraft. «Sie ist schlimmer als der schlimmste Mann.» Ich habe des öfteren solche Frauen kennengelernt. Sie sind aktiv, können sich behaupten und besitzen eine harte Schale, um nicht so leicht verletzt zu werden. Doch der äußere Schein trügt. Unter der Schale verbirgt sich eine leidende Frau, die genauso verletzlich ist wie alle anderen auch. Der Ursprung solcher Märchen ist das «Gerede» über Frauen. Die Meinungen kursieren so lange, bis sie zu einer Art «Wahrheit» gerinnen. Frau bekommt den Stempel aufgedrückt, hart im Nehmen zu sein. Das, was in diesen Frauen tatsächlich vorgeht, hat mich oft sehr betroffen gemacht.

In bestimmten Betrieben knüpft sich die Identität der Männer daran, daß sie die Firma «besitzen» und deshalb automatisch für Führungsposten auserkoren sind. Frauen, die in solche Unternehmen eintreten, rütteln an einem Prinzip, das von den Männern sehr ernst genommen und für sehr wichtig gehalten wird. Gemeint ist ihre Überzeugung, daß zwischen ihnen und der Organisation oder dem Betrieb eine besondere Beziehung besteht. Sie reden von ihrer Firma wie von einem lebendigen Wesen, mit dem sie ein Verhältnis haben und das ihnen all das zurückgibt, was sie ihm an Liebe geschenkt haben, sie also gewissermaßen belohnt.

In einer derart maskulinen Kultur kann frau sich leicht

als Außenseiterin fühlen: «Hier bist du fehl am Platze.» Allein schon die Vorstellung, eine Frau könne den Betrieb leiten, die Computer beherrschen und Männern Weisungen erteilen, löst in solchen Männern Weltuntergangsängste aus.

Sind Männer besser?

Es gibt einen Zusammenhang zwischen dem oben Geschilderten und der Einstellung mancher Frauen, die sich sagen: «Die Männer sind eigentlich schon besser.» Woher kommt dieser Gedanke? «Ich habe alles getan, was ich tun konnte», denkt die Frau, «ich habe eine gute Ausbildung, habe hart gearbeitet, bin erfolgreich, habe gute Kontakte zu den Kolleginnen und Kollegen – und trotzdem werde ich nicht befördert. *Sind die Männer vielleicht doch besser? Gibt es in der Welt der Männer eine bestimmte Qualität, die ich nicht erkenne und nicht verstehe, die keinen Erfolg verspricht – aber immerhin bewirkt, daß die Chefsessel alle von Männern besetzt werden?»*

Durch wissenschaftliche Untersuchungen ist uns bekannt, daß offene Hinweise auf oder direkte Kritik an der Diskriminierung von Frauen als nicht legitim gelten. Das führt dazu, daß sich Frauen gegenüber ihrer Diskriminierung defensiv verhalten und selbst, wenn sie unmittelbar davon betroffen sind, nicht mehr darauf hinweisen. Die

Männer denken, daß die Frauen andere Probleme haben, daß sie zum Beispiel mit irgendwelchen Kolleginnen nicht zurechtkommen oder familiäre Sorgen haben. Oder sie verweisen auf das geringe Selbstvertrauen der Frauen. Es ist schwer, mit direkter Diskriminierung fertig zu werden. Sie ist weit verbreitet, aber unsichtbar. Wir werden später noch einmal auf sie zurückkommen.

In der Vorstellung, Männer seien «besser», sehe ich einen unmittelbaren Zusammenhang mit der Vaterbindung, der Vatergestalt, dem «Vater, der alles am besten weiß», sowie mit jenen Familien, in denen die Frau sich auf das Spielchen einläßt, den Mann alles besser wissen zu lassen.

Nach diversen Führungsseminaren ist mir dies sehr deutlich geworden. Ich forderte in den Gruppen unter anderem Frauen und Männer auf, sich über ihre Väter zu unterhalten. Dabei schälte sich ein unverkennbares Muster heraus: Nach außen hin wußte Vater am besten Bescheid. Familienintern kannte sich dagegen die Frau und Mutter am besten aus. Sie schützte und bewahrte, plante, gab guten Rat – nur: Es durfte nach außen hin nicht erkennbar sein. Vor die Aufgabe gestellt, die Frauenstärke innerhalb der eigenen Familiengeschichte zu analysieren, kommen die Chefinnen in meinen Seminaren ganz von selbst darauf.

Frauen merken nur äußerst selten, daß sie begabter sind als die männlichen Kollegen. Es fällt uns Frauen einfach schwer zu erkennen, wann wir schneller denken und bessere Anlagen zeigen. Die Wahrscheinlichkeit des Nicht-Erkennens ist entsprechend groß, da bei den Frauen, die auf leitende Positionen kommen wollen, ungleich schwerere Auswahlkriterien gelten als bei Männern.

In den zahlreichen Gesprächen, die ich mit Frauen darüber geführt habe, machte ich die Feststellung, daß ihnen die Angelegenheit ein bißchen verdächtig vorkommt, nicht ganz astrein sozusagen. Vielleicht wird ihre unterbewußte hierarchische Denkweise durcheinandergebracht. Vor allem erkennen Frauen nicht, daß ein männlicher Kollege, der zu ihnen sagt: «Ich verstehe Sie nicht», sie wirklich nicht versteht. Es hängt nicht mit ihrer Ausdrucksweise zusammen. Er kommt einfach nicht mit. Statt sich Vorwürfe zu machen, sollte frau in solchen Fällen auf den leicht begriffsstutzigen Kollegen Rücksicht nehmen. Wahrscheinlich denkt und spricht sie etwas zu schnell, weil es ihr tatsächlich leichter fällt.

Statt «Wie dumm ich doch bin» sollte sie denken: «Okay, Unterschied bleibt Unterschied. Wir unterscheiden uns im Geschlecht und sind zudem unterschiedlich begabt. Ich bin höchstwahrscheinlich begabter als er und muß mir angewöhnen, ein wenig langsamer zu sein und auf die Auffassungsgabe der männlichen Kollegen Rücksicht zu nehmen.» So denken Frauen allerdings meistens nicht.

Was ist aus mir geworden?

«Wo bin ich? Was ist aus mir geworden? Hilfe, ich werde aufgefressen!»

Hinter solchen weiblichen Reaktionen stecken Jahre der Anpassung. Die Frauen haben sich unentwegt zurückgehalten, sich nach oben, nach unten und auf gleicher Ebene im Betrieb angepaßt, um akzeptiert zu werden und sich ihre Beliebtheit zu sichern.

Eine Chefin drückte es sehr anschaulich aus: «Ich fühle mich wie ein leerer Kreis. Ich bin total leer. Ich habe gegeben, gegeben und gegeben. Ich bin für sämtliche Mitarbeiter überall und jederzeit erreichbar.»

Sie hatte ihr eigenes Ich verloren. Kein Wunder, daß sie völlig fertig war.

Es kommt oft vor, daß Frauen, die in anspruchsvollen Stellungen hart gearbeitet haben, sich über Gebühr zurückhalten und anpassen, damit ihre Fähigkeiten akzeptiert werden, und dabei selbst verlorengehen.

Erkennen sie die Struktur und das Spiel, das in ihrem Betrieb gespielt wird, sagen die Frauen oft: «Gesetzt den Fall, ich könnte meine Kapazität voll einsetzen: Was könnte ich da wohl erreichen?» Diese Aussage steht in einem Widerspruch zu anderen Äußerungen, denen zufolge es in unserem Land nicht genügend tüchtige, fähige und arbeitswillige Menschen gibt. Doch die Frauen sagen: «Ich wünschte, ich könnte meine Fähigkeiten voll einsetzen.»

Es geht hier nicht um Machtmenschen; diese setzen sich immer irgendwie durch. Es geht um ganz normale, tüchtige Frauen, denen an ihrer Arbeitsstelle «die Flügel gestutzt wurden» – ein Ausdruck, den die Betroffenen nur zur Genüge kennen.

Das Gefühl, irgendwie amputiert zu sein, hängt damit zusammen, daß die Frauen schon früh in eine Art Außenseiterrolle geraten sind. Diejenigen unter ihnen, die das Prinzip durchschauten, nach dem Frauen tüchtig, aber nicht *zu* tüchtig sein sollen, waren selbst ein bißchen «übertüchtig» und wurden sowohl für die «Jungen» als auch für die «Mädchen» zur Bedrohung. Und damit begann ihr Außenseitertum.

Oft fällt mir die Diplomingenieurin bei Volvo ein, die in der Realschule beschlossen hatte, schlecht in Deutsch zu sein, nur um als «normal» angesehen zu werden. Sie lieferte absichtlich schlechte Klassenarbeiten ab, nur um so zu sein wie die anderen und ja nicht in eine Außenseiterrolle zu geraten. «Wo bin ich? Was ist aus mir geworden?» – die ganze Problematik, die sich hinter diesen Fragen verbirgt, hat damit zu tun, daß sich Frauen nicht zugestehen, in anderen, ebenso fähigen Frauen ihr Spiegelbild zu suchen.

Auch von Ärztinnen höre ich oft die Frage: «Was ist aus mir geworden?» Die Studienzeit verlief unproblematisch. Die Schwierigkeiten begannen erst im Beruf, als sie auf einmal in Kompetenzstreitigkeiten verwickelt wurden, als Revierkämpfe und Prestigefragen ins Spiel kamen. Die Ärztinnen gerieten in ein Berufsumfeld und eine Kultur, wo sie ihr ursprüngliches Motiv für die Wahl des Arztberufes nicht wiedererkennen konnten.

Das Individuum, das Ich muß innerhalb des Betriebs oder der Organisation in einem kulturellen Kontext gesehen werden, da sonst unverständlich bleibt, warum man/frau es verloren hat. Ein Grund dafür, daß Frauen oft buchstäblich ihren Halt verlieren, liegt darin, daß sie sich in so vielen Bereichen betätigen, daß ihnen die Zeit fehlt, sich ab und zu von außen, aus der Distanz zu betrachten. Hier bietet sich wieder der Vergleich mit unserer Pflanze an, die gegossen und gepflegt werden muß, um ihr Wurzelwerk zu entwickeln. Ich muß mich selber um sie kümmern, und das kostet Zeit.

Verharrt die Frau in der Mädchenrolle, so bedeutet dies, daß die Pflanze von anderen gegossen wird. Sie überlebt deshalb, weil sie permanent bei anderen Bestätigung sucht (und diese dank Anpassung ein Stück weit bekommt). Wenn frau sich selbst finden will, muß sie aber nicht nur das eigene Ich definieren, sondern auch die «Mädchenbotschaft» erkennen können, die von ihrer Umgebung als Forderung an sie herangetragen wird.

Wir alle leiden an der Versuchung zu glauben, daß wir für alles und jedes Verantwortung tragen und überdies an fast allem, was schiefgeht, schuld sind. Wir müssen aber einen Modus vivendi mit diesem Gefühl der scheinbaren Unabkömmlichkeit finden, um uns selbst nicht in unserer Entwicklung zu behindern.

Raus mit der Wut!

Bekennen Sie sich am Arbeitsplatz zu Ihrem Zorn! Dies ist mein Rat an Frauen, die ihre Kapazitäten voll ausleben und dennoch das Gleichgewicht bewahren wollen. Sie brauchen Wut! Frauen, die zum richtigen Zeitpunkt böse werden, empfinden viel weniger innere Aggressivität. Aggressivität ist unterdrückter Zorn. Frauen werden aggressiv, weil sie ihren Zorn zu einem Zeitpunkt, da sie ihm Ausdruck hätten verleihen sollen, heruntergeschluckt haben. Wut und Groll sammeln sich im Bauch und verschaffen sich unterschwellig Gehör – «Mein Gott, ist die aggressiv», sagen die Männer dann.

Anlaß für Wut gibt es reichlich. Die norwegische Soziologin Berit Ås beschreibt zum Beispiel, daß Frauen im Gespräch oft unterbrochen werden. Es kommt auch häufig vor, daß Männer demonstrativ nicht zuhören, wenn Frauen reden. Auch das Herrschen durch Informationsentzug, durch «Unsichtbarmachen» und «Nichtverstehenwollen» gehört in diesen Zusammenhang, ebenso wie verschiedene Versuche, die Frauen zu verunglimpfen und zum Sündenbock zu machen. *«Damn if you do and damn if you don't.»*

Eine Ärztin sagte einmal zu mir: «Ich möchte lernen voranzukommen, ohne so verdammt wütend zu werden über das, was ich sehe.» Toll ausgedrückt! Oft frage ich mich, warum Frauen über das, was sich vor ihren Augen abspielt, nicht viel wütender werden. Täten sie's, würden sogar die Männer reagieren. Wenn eine Frau deutlich ihre Meinung sagt, herrscht oft peinliche Verlegenheit im Konferenzzimmer. Nachher kommen dann die Vorgesetzten oder Kollegen zu ihr und versichern ihr – unter vier Augen –, daß sie völlig recht hatte und daß man im Grunde genommen ja genau der gleichen Meinung sei...

Männer dürfen ihrer Wut in viel höherem Maß freien Lauf lassen. Ihre Wut ist jedoch eine andere, eine Art existentielle Wut, die im Weinen ihren Ursprung hat, und weinen dürfen sie nun einmal nicht. Wird der Druck übermächtig, droht das Ich zu ersticken, dann steht es ihnen frei zu toben. Die Wut der Frauen ist eine andere. Sie ist konkret gegen bestimmte Mißstände gerichtet und führt zum Handeln. Eine Frau wird nie Chefin, wenn sie nicht lernt, ihre Wut auszudrücken und die Stimme zu heben.

Ach ja, die Stimme. Frauen sagen, daß die Männerstimme viel durchschlagskräftiger ist. Das stimmt. Unsere

Stimme klingt kreischend und irgendwie merkwürdig, wenn wir uns ereifern!

Ich glaube, daß jemand, der nicht imstande ist, wütend zu werden, auch keine echte Freude empfinden kann. Das innere Verbot, Wut zu zeigen, verdirbt den Frauen meiner Meinung nach oft die Freude an der Arbeit. Manchmal leite ich die Frauen in meinen Seminaren regelrecht zur Wut an. Obwohl ich außerhalb stehe und nur die Übung in Gang setze, bekomme ich dabei mitunter selbst den geballten Zorn der Frauen zu spüren! Das «Zornverbot» ist tief in unserer Kultur verwurzelt, und wenn die Wut einmal ausbricht, kann das sehr heftig werden.

Beim anschließenden Gespräch über die Wut kommen viele Gedanken und Themen zur Diskussion. Ich bin davon überzeugt, daß die Wut einen stärkeren Effekt hat. «Vor Wut bin ich nicht gestorben – und die anderen sind es auch nicht.» Eine nützliche Erfahrung. Ist Wut angebracht, so ertragen sie auch andere Menschen, und es kann ein Gespräch daraus erwachsen. Ist sie nur da, weil man sie nicht rechtzeitig geäußert hat, fehlt der Anlaß für ein Gespräch. Je öfter eine Frau wütend ist, desto öfter freut sie sich auch – und desto weniger regt sie sich über Kleinigkeiten auf. Eine direkte Wut bekommt eine direkte Antwort.

Daß Führungspositionen ebenso von Frauen wie von Männern besetzt werden, ist von großer gesamtgesellschaftlicher Bedeutung. Nur «ganze» Frauen, also nicht solche, die sich als Männer verkleiden, können dies erreichen. Sie müssen Neues sehen, hören und sagen. Sie müssen sich eine neuartige Energie zunutze machen, eine Energie, die freigesetzt wird, wenn das Ich mit dem Bewußtsein der eigenen Weiblichkeit verschmilzt. Sie zwingt frau zu einer klaren Stellungnahme gegenüber ihrer Einstellung zu sich selbst. Das «Mädchen» muß sich dagegen, wie bereits erwähnt, so verhalten, daß es stets geliebt wird. Es wird von den Urteilen anderer gesteuert, nicht von den eigenen.

In diesem Zusammenhang bringe ich gern das Bild von

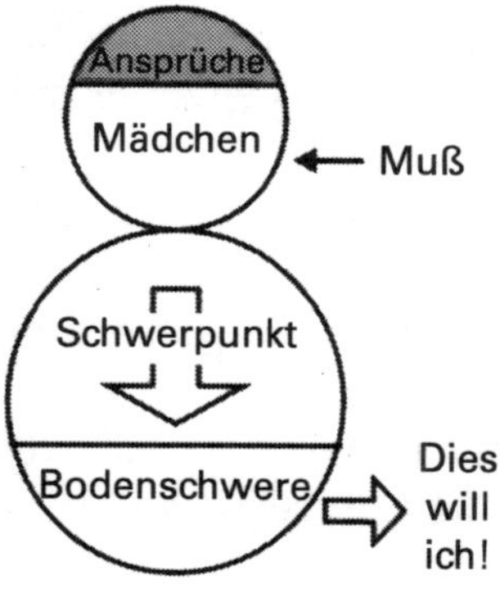

Wenn eine Frau ihren eigenen Willen entwickelt und sich ihrer eigenen Einschätzung sicher ist, wird sie «bodenschwer» und hart im Nehmen, was ihr in ihrer Karriere sehr zustatten kommt.

der Schaukelpuppe. Oben im Kopf ist das Muß. «Ich muß dies, ich muß das…» Der Kopf ist voller Ansprüche – die von außen kommen. Alle müssen sie im Kopf gespeichert werden. Wird der Kopf zu schwer, kippt die Puppe um.

Jede Frau muß daher wissen, was sie will und wie sie ihren Willen durchsetzen kann. Sie muß vor allem mit jenen Verhaltensweisen zurechtkommen, die die ihr oft viel leichter fallende Mädchen- oder Muttirolle betreffen. In diesen Rollen macht sich frau schnell beliebt, doch besteht die Gefahr, daß sie damit in einer Sackgasse landet, denn sie entwickelt keine innere Liebe zu sich selbst.

Sie können folgendermaßen anfangen: Denken Sie darüber nach, welche Werturteile während Ihrer Jugend dominierten und wie diese Sie später als Erwachsene beeinflußt haben. Fühlen Sie sich von diesen Einschätzungen hinters Licht geführt? Es ist zum Beispiel ganz und gar nicht ungewöhnlich, daß eine Frau das Gefühl hat, nicht gut genug zu sein, was immer sie auch anstellt, und folglich ständig mehr und immer mehr leisten zu müssen glaubt.

Ist das Mädchen aber eines Tages soweit, daß es in die Rolle der erwachsenen Frau schlüpfen kann, dann bestimmt es selbst, was gut und richtig ist. Es geht um die Entwicklung vom äußeren zum inneren Ich, vom Muß zum Wollen. Wenn die junge Frau weiß, was sie will, wird der Boden der Puppe schwerer. Sie entscheidet nun selbst über ihre Zielsetzungen als Frau und Chefin und definiert obendrein ihre eigene Wirklichkeit. Sie verschließt nicht mehr die Augen vor der Erkenntnis: «Es ist, wie es ist, und dies sind meine Möglichkeiten. Vor diesem Kollegen muß ich mich in acht nehmen. Diese Aufgaben gehen mich etwas an – und jene betreffen mich nicht.» Es geht um Realitätssinn, nicht um einen Mädchentraum.

Der Grundfrieden mit sich selbst

«Dies möchte ich aus mir und meinem Leben machen» bedeutet im Bild von der Puppe, «einen schweren Boden zu bekommen». Er muß so schwer sein, daß die Puppe nicht mehr kippen kann. Frauen müssen soweit kommen, daß sie auf festem Grund stehen und hart im Nehmen werden. Ohne Nehmerqualitäten kann frau keine Karriere machen, nichts verändern und nichts bewirken.

Das Mädchen, kopflastig vom «Muß» und unsicher auf den Beinen, schafft das nicht. Es kommt nur mit jenen gut aus, die so denken, so handeln und sich so kleiden wie es selbst. Ein Schlag gegen den überschweren Kopf wirft das Mädchen um, und es fehlt ihm das notwendige Wissen über sich selbst, das ihm die Kraft verleihen könnte, wieder auf die Beine zu kommen.

Nur die Frau, die weiß, was sie kann, und die auch Kritik verträgt, erwirbt sich den «schweren Boden». Sie verlangt nicht ständig nach Bestätigung.

Frauen mit solider Bodenhaftung wissen, daß sie nicht die ganze Welt verändern können. Sie geben sich mit den konkreten Veränderungschancen zufrieden, die sich ihnen bieten; sie wissen, was sie an sich selbst gut finden, und sind sich darüber hinaus auch ihrer schlechten Seiten bewußt. Das Mädchen fühlt sich zum ewig Guten, ewig Netten hingezogen, die Frau dagegen erkennt die Wirklichkeit ebenso wie sich selbst. Sie steht so fest auf dem Boden der Tatsachen, daß sie sich selbst näherzukommen wagt und Rückschläge verkraftet.

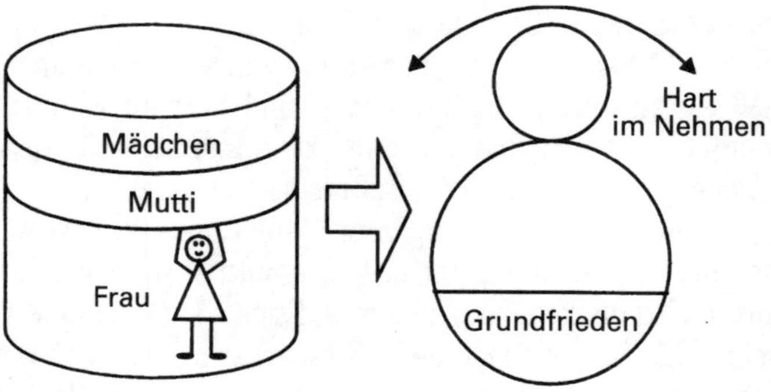

Eine Frau gewinnt Bodenhaftung, wenn sie sowohl das Mädchen als auch die «Mutti» in sich überwunden hat. Sie kennt ihre Schwächen und ihre Stärken. Sie hat einen Grundfrieden mit sich selbst geschlossen.

Eine gereifte Persönlichkeit kommt auch ihrer Umgebung zugute. Sie kann Kontakte mit dem Bösen und Schwachen aufnehmen und kennt auch die eigenen Schwächen. Und weil sie sich ihrer eigenen Stärken und Schwächen bewußt und mit sich selbst zufrieden ist, meistert sie schwere Aufgaben. Sie weiß, was sie wert ist. Und sie kennt das Gute und das Böse in sich selbst und weiß mit beidem zu leben und umzugehen. Erkennt sie nur das Gute, verharrt sie noch in der Mädchenrolle.

Viele Frauen müssen den Grundfrieden mit sich selber schließen. «Schwer sein» in diesem Sinne bedeutet Frieden mit sich selbst und seinem Standpunkt.

Im inneren Gleichgewicht

Einen soliden Grund unter den Füßen, Schwere und Gleichgewicht zu finden – das ist das Geheimnis der «Führungsqualität». Es ist die Frage nach der größtmöglichen Auslotung und Entwicklung des eigenen Ichs.

Berufstätige Frauen etwa zwischen vierzig und fünfundvierzig, die es schon recht weit gebracht haben und nun vielleicht auf eine Führungsposition spekulieren, müssen folgendes bedenken: Sie sind in einem beruflichen Umfeld tätig, das ursprünglich für ein anderes Geschlecht geschaffen wurde. Frauen, die etwas bewirken und sich dabei auch wohl fühlen wollen, müssen zu einem inneren Gleichgewicht gefunden haben.

Wir sprachen von der Puppe. Frauen mögen Bilder, und die Puppe ist ein zutreffendes Beispiel für das, worum es hier geht. Führung ist nicht nur das, was Männer sich gemeinhin darunter vorstellen, also nicht nur Ausdruck einer hierarchischen Struktur. Es bedarf eines gut ausbalancierten Gleichgewichts, eines festen Bodens unter den Füßen, auf dem man zwar ins Schwanken geraten kann, der einem aber auch die Möglichkeit gibt, wieder aufzustehen.

Die angehende Chefin muß gewillt sein, sich an die

Spitze zu setzen und Einfluß auszuüben. Ohne diesen Willen wird sie es schwer haben. Chefin sein und führen – was bedeutet das eigentlich? Gibt es ein gutes Bild, das diesen Sachverhalt illustriert? Ja, die Wippe. Sie verdeutlicht den Balanceakt. Mal sitzt frau mehr in der Mitte, mal weiter außen. In der Basis muß Einsicht und Selbsterkenntnis vorhanden sein. Sie, die Basis, ist eine Art Selbsterkenntnis, aber auch eine Form weiblichen Selbstbewußtseins. Auch die Fähigkeit, sich selbst zu führen, gehört hierher.

«Die Belegschaft ist unsere wichtigste Ressource», sagen männliche Unternehmensleiter heutzutage gerne. Nehmen wir diesen Satz einmal, ausgehend von dem Bild mit der Wippe, unter die Lupe. Das Fundament, die Basis, ist die Belegschaft, alle Menschen, die für die betreffende Firma arbeiten. Um all diese Menschen zu überblicken, muß man auch ein klares Bild von sich selbst haben. Der Führungsstil muß so unmißverständlich sein, daß die anderen bereit sind, ihm zu folgen, und ihm auch folgen können.

Wenn nun die Frau über dem Schwerpunkt der Wippe steht, muß sie die richtige Balance finden. Will sie nach links, nach rechts oder in der Mitte bleiben? Es kommt darauf an, wen sie beeinflussen will, wer ihr folgen soll. Man könnte es so ausdrücken: Die Wippe ist mein Werkzeug. Ich übe mit ihrer Hilfe Einfluß auf andere aus und wähle diejenigen aus, die ich beeinflussen möchte. Das ist Führung: sich selbst und andere erkennen. Für

Frauen ist es besonders wichtig, immer wieder «an sich und an ihrer Basis» zu arbeiten. Frau muß solide in der Mitte stehen, so daß sie in beide Richtungen wippen kann, ohne das Gleichgewicht zu verlieren. Die richtungweisende Schwerpunktverlagerung bestimmt frau selbst nach den jeweiligen Gegebenheiten.

Die weibliche Neigung zu feigen Entscheidungen

Wer sich das Leben als Chef oder Chefin absichtlich schwer machen will, sollte bewegungslos genau in der Mitte des Bretts stehen und versuchen, es allen recht zu machen. In diesem Fall bewegt sich die Wippe überhaupt nicht.

Frauen müssen sich darüber im klaren sein, daß Entscheidungen, die von allen gutgeheißen werden, meistens feige Entscheidungen sind. Wer Einfluß nehmen will, kann nicht immer nur populäre Entscheidungen treffen. Es geht darum, daß man/frau selbst die Entscheidung für richtig hält und ihr auf den Grund geht. Viele Frauen stellen fest, daß sich bestimmte Entscheidungen, die ihnen innerlich gegen den Strich gingen, später als Fehlentscheidungen entpuppten. Meistens spricht man in diesen Fällen von weiblicher Intuition. Dabei darf man nicht vergessen, daß diese Intuition aus einem koordinierten Zusammenspiel von Wissen, Erfahrung und Gefühl entsteht. Intuition fällt nicht vom Himmel; sie ist vielmehr der Mut der Frauen, die eigenen Kenntnisse nutzbringend anzuwenden, und hat auch damit zu tun, wie Frauen sich und ihre Möglichkeiten einschätzen und welche Verantwortung sie für sich und ihre eigenen Ressourcen zu übernehmen bereit sind.

Der Dreh- und Angelpunkt für Chefinnen und alle, die es werden wollen, ist der, daß sie selbst an das glaubt, was sie tut. Ist dies der Fall, so überzeugt und gewinnt sie auch andere. Führen heißt nicht ziehen oder schieben, sondern einen Sog erzeugen. Es gilt, sich für die Arbeit zu begeistern und ein Gefühl zu entwickeln, das soviel besagt wie: «Macht macht Spaß. Es ist toll, Chefin zu sein. Der Job ist für mich als Frau anregend.» Und Frauen müssen den Mut haben, diese Begeisterung auch nach außen hin zu zeigen.

Frauen müssen psychische Kraft aufbauen, um Einfluß nehmen zu können. Es ist dies eine Frage des Wollens, nicht des Müssens. Wenn «Mädchen» eine Führungsposition anstreben, funktioniert das nie. Sie tun es, weil sie glauben, sie müßten es tun. Sie erwarten, daß alle anderen ihre Arbeit gutheißen und sie selbst für lieb und nett halten. Man kann aber andere Menschen nicht führen, wenn man ständig von ihnen Bestätigung erwartet. Dies zu begreifen, fällt Frauen oft sehr schwer. Geprägt von dem «Mädchen» in ihnen geraten sie oft in eine Situation, in der sie mit ihrer Arbeit nur zufrieden sind, wenn sie auch Bestätigung von anderer Seite erfahren.

Die Wippe bietet – um wieder auf das Bild zurückzukommen – nur dann eine gute Basis, wenn frau sich mit einigen grundlegenden Einschätzungen und Verhaltensweisen auseinandersetzt, die sie selbst betreffen. Tut sie es nicht, dient das Fundament der Wippe nur zur ständigen Bestätigung. In diesem Punkt bekommen Chefinnen oft rigoros Kontra. Wenn sie dauernd bei ihren Mitarbeitern Bestätigung suchen, neigen sie zu dem Fehler, es an Deutlichkeit mangeln zu lassen. Dies hängt wiederum mit der Angst, zu dominant zu sein, zusammen – eine Angst, auf die weibliche Führungskräfte immer wieder zu sprechen kommen.

Die Mitarbeiterinnen und Mitarbeiter bilden das Fundament der Wippe, die «anderen», ohne die frau als Chefin nicht auskommt. Egal, welchen Weg die Chefin einschlägt – Erfolg haben kann sie nur mit Hilfe ihrer Mitarbeiter und Untergebenen. Auf Bestätigung von deren Seite kommt es nicht an – wichtig ist nur, daß sie die ihnen zugewiesenen Aufgaben für gut und sinnvoll halten.

Was zeigt uns die Wippe noch? Ja, da wäre noch die Sache mit den besonderen Fachkenntnissen, und zwar sowohl denen der Mitarbeiter als auch denen der Chefin selbst. Bei schwedischen Arbeitgebern beiderlei Geschlechts gilt der Mythos, daß der Chef oder die Chefin immer auf jener Seite des Bretts sitzen muß, auf der sich auch die besonderen Fachkenntnisse befinden. Sämtliche Untersuchungen zeigen, daß die Mitarbeiter heutzutage, ganz anders als früher, ihre Kompetenzen einbringen wollen. Zu den wichtigsten Aufgaben jeder Führungskraft sollte es daher gehören, die anderen dazu zu bringen, ihr Bestes zu geben.

Klare Worte

Führung verlangt Wissen und bei Bedarf Kontrolle. Sprachliche Einfachheit setzt viel Wissen voraus. Frauen meinen oft, daß sie sich *zu* einfach ausdrücken. Doch wer über eine Sache gut Bescheid weiß, braucht sich vor einer vereinfachten Darstellung nicht zu scheuen. Die Sprache der Männer ist dagegen komplizierter; sie reden «Fachchinesisch», schmücken aus, wiederholen sich. Frauen erkennen bald, daß alles viel einfacher und schneller geht, wenn sie selbst das Wort ergreifen. Ja, manchmal sind ihre Ausführungen peinlich kurz und wenig anspruchsvoll – doch wer sich kurz und bündig ausdrücken will, muß über gute Fachkenntnisse verfügen.

Frauen müssen lernen, daß Worte, die sich «nach unten» richten, wichtiger sind als solche, die «nach oben» oder auf gleicher Ebene ausgesprochen werden. Männer reden am liebsten nach oben und auf gleicher Ebene: «Wir wollen Karthago niederreißen, und zwar mit der PCP-

Methode.» Für einen Chef oder eine Chefin kommt es jedoch vor allem darauf an, daß er oder sie mit seinen/ihren Worten den Mitarbeitern Ziel, Sinn und Engagement vermittelt. Und seine oder ihre Worte müssen verstanden werden.

Kraft erwächst aus Leidenschaft, aber auch aus Visionen. Die wenigen Untersuchungen über weibliche Führungskräfte, die es gibt, zeigen uns, daß zufriedene Frauen – Frauen mit einem festen Stand auf der Wippe – den Mut haben, größere Visionen und breitere Perspektiven mit ihrer täglichen Arbeit zu verbinden.

Die Wissenschaftlerin Ingela Thylefors hat nachgewiesen, daß Frauen ihre Führungsfunktion als Mittel zum Zweck ansehen: Sie streben damit ein bestimmtes Ziel an, versuchen ein Ergebnis zu erlangen. Für Männer ist die Führungsaufgabe primär eine Funktion, die der Karriere dient. Frauen fällt es weniger leicht, sich mit Dingen zu beschäftigen, die aus ihrer Sicht sinnlos sind. Sie wollen, daß das, was sie tun, «der Sache dient». Sie sehen die Dinge aus einer anderen Perspektive, weshalb es ihnen auch viel leichter fällt, visionär zu denken. In der gleichen Untersuchung zeigt Ingela Thylefors auch, daß Frauen sich mehr für die Führungsarbeit als solche, also für den Führungsprozeß interessieren.

In Gedanken setze ich ihr einen großen Hut auf, der Frau auf der Wippe! Er ist ein Symbol für den Mut, sich zu zeigen und deutlich zu sein. Auf dem Brett zu stehen, zu wippen, aufzufallen – und dies als Frau: das macht stark.

Wohin dann mit dem Gewicht – das Brett kann ja in zwei Richtungen kippen? Auf der einen Seite befinden sich die Verwaltung und die Organisation. Um ihre Visionen zu verwirklichen und Veränderungen durchzusetzen, muß frau sich als Chefin auf die Seite der Organisation neigen und deutlich sagen: «Jetzt treten wir in Aktion.» Wichtig ist, daß frau die Verwaltung auch als solche kennt und durchschaut, und zwar nicht nur auf dem Papier. Frauen sind oft zu buchstabengläubig. Um voranzukommen, muß sie «fließen» können, die Rituale kennenlernen und herausfinden, in wessen Macht es steht, zum Beispiel einen Reformprozeß zu unterstützen.

Zum «In-Aktion-Treten» gehört eine weitere Dimension, die Frauen kennen und mit der sie umgehen können müssen. Von einer Chefin wird erwartet, daß sie weiß, was die anderen wollen. Wer jedoch, wie erwähnt, seine Entscheidungen von der vermuteten Zustimmung der anderen abhängig macht, ist feige. Wenn Frauen aktiv werden, muß das, was sie durchsetzen wollen, kristallklar sein. Sie müssen darauf hinweisen, daß sie alle Standpunkte berücksichtigt und erwogen haben, bevor sie ihre Entscheidung trafen. Dies geht nicht ohne Schwere und Standfestigkeit – und um die entwickeln zu können, muß frau erkennen, welch spezielles Werkzeug ihr als Frau zur Verfügung steht.

Wenn frau in Aktion tritt, muß sie deutlich zeigen, was sie will. Sie muß Schwere entwickelt haben, um den Mut zur Deutlichkeit zu finden.

Machtspiele erkennen und durchschauen

Bevor Frauen in Aktion treten können, müssen sie die Rituale des Arbeitslebens durchschauen. Sie müssen den Mut zu strategischem Denken aufbringen, um ihre Ideen in die Tat umsetzen zu können. Taktik an sich muß nicht schlecht sein. In diesem Punkt können Frauen noch einiges von den Männern lernen.

Strategie bedeutet, das Spiel der Macht und die herrschende Politik zu durchschauen und sich taktisch zu verhalten. Hier spielt auch wieder der Begriff Gleichgewicht mit hinein. Das Spiel zu erlernen, ja sich daran zu beteiligen, aber eben nicht nach Art der Männer, ist für Frauen ein ständiger Balanceakt. Sie muß es sich zunutze machen, darf sich aber nicht völlig davon vereinnahmen lassen.

Frauen sind zum Beispiel oft gute Planerinnen und können Zielvorstellungen formulieren. Sie sind meist pünktlich und halten ihre Termine. Aber sie scheuen oft vor höheren Funktionen zurück, weil sie sich nicht trauen, sich der Struktur als Werkzeug zu bedienen. Um dies tun zu können, müssen sie zunächst den Aufbau der Struktur

verstehen. Sich Durchblick verschaffen, ohne sich von dem Spiel mitreißen zu lassen, nenne ich Taktik. Frauen, die dies nicht begreifen, werden ihre Führungsposition nie zum Besten des Unternehmens ausfüllen können.

Es geht also darum, daß frau den Führungsprozeß als solchen verstehen lernt, und das heißt: Sie wahrt das Gleichgewicht, forciert nichts und trifft ihre Entscheidungen mit Überzeugung. Bei Männern geht es eher darum, eine persönliche und gesellschaftliche Eignung zur Führungsfunktion zu erlangen. Frauen besitzen diese Eignung bereits, sonst wären sie niemals so weit gekommen. Für sie ist es wichtiger, die Taktiken und Spielregeln zu erlernen. Langfristig können Männer und Frauen, die ihre jeweiligen Führungseigenschaften voll entwickelt haben, das Arbeitsleben von Grund auf neu gestalten – doch so weit sind wir momentan noch nicht.

Im Berufsleben verbergen sich eine Fülle unsichtbarer Regeln, die einem, wenn man sie befolgt, gar nicht auffallen. Hält man sie jedoch nicht ein, so schafft man um sich ein undefinierbares Vakuum. Dies liegt daran, daß die unsichtbaren Regeln in den Manschettenknöpfen stecken. Frauen fehlt oft die Bereitschaft zur Über- oder Unterordnung, denn der entsprechende Wille wurde ihnen nicht anerzogen. Er gehört ganz einfach nicht zu ihrem – an und für sich schönen und demokratischen – Menschenbild. Fügt man zum Willen jedoch Verantwortung hinzu – Verantwortung dafür, anderen eine vernünftige Richtung vorzugeben –, dann fällt es ihnen leichter, auch eigene Ansprüche zu formulieren. Auch die Kunst, die Fähigkeiten der Mitarbeiter zu erkennen, gehört zu dieser Verantwortung.

Sein Gleichgewicht zu finden heißt, auf dem besten Platz der Wippe zu stehen. Frau braucht einen festen Stand, muß sich die Leidenschaft für ihr Tun bewahren und darf sich ihre Visionen nicht nehmen lassen. Es geht darum, Strategie und Taktik mit dem eigenen Bewußtsein von der Bedeutung der Beziehungen zu kombinieren. Echte Führungskraft, dies muß man sich stets vor Augen halten, ist weit anspruchsvoller als das bloße «Chefsein». Ich habe viele männliche Vorgesetzte kennengelernt, denen wichtige Führungseigenschaften fehlten, deren Defizite jedoch von tüchtigen Frauen in ihrem engeren Arbeitsumfeld wettgemacht wurden.

Die Rolle der Tradition

Um einen Führungsstil mit weiblichen Perspektiven zu entwickeln, muß nach zahlreichen Untersuchungen erst einmal eine persönliche und gesellschaftliche Anlage geschaffen werden. Frauen besitzen diese Begabung oft schon. Interessanterweise ergaben die gleichen Untersuchungen, daß erfolgreiche Chefs meist nur geringfügig begabter sind als die Gruppe, die sie führen sollen.

In den Ausleseverfahren für Führungsposten sind die Anforderungen, die an Frauen gestellt werden, sehr hart. Es genügt nicht, daß sie überdurchschnittlich intelligent sein müssen, um in die engere Wahl zu kommen. Um als ernsthafte Bewerberinnen akzeptiert zu werden, müssen sie obendrein das Führungsritual in der betreffenden Organisation verstehen – und um dazu imstande zu sein, müssen sie es zunächst einmal durchschauen, was Frauen oft schwerer fällt als den Männern. Sie müssen mit anderen Frauen zusammenkommen und mit ihnen über Führungsverhalten und Führungsprobleme diskutieren (wie es zum Beispiel die Alfinen taten). In diesen Gesprächen lernen sie aus den Erfahrungen anderer und gewinnen dadurch einen klareren Einblick in den Führungsprozeß als solchen.

In einem schwedischen Schulbezirk wurde eine interessante Untersuchung über das Verhalten männlicher und weiblicher Schulleiter durchgeführt. Dem Teilbericht *Hit men inte längre?* (Olsson 1993; «Bis hierher und nicht weiter?») ist unter anderem zu entnehmen, daß die Tradition eine große Rolle spielt. Im Schulbereich wird auch heute noch weitgehend davon ausgegangen, daß der Rektor ein Mann ist. Doch eine Untersuchung der Voraussetzungen, die die in Frage kommenden Männer und Frauen mitbrachten, ergab keinerlei biologische Unterschiede, die für die Übernahme des Rektorenamts von Bedeutung gewesen wären. Die Führungsqualitäten sind von angelernten Unterschieden beeinflußt. Die Männer sagen, es gehe nicht um das Geschlecht, sondern um die Person, die Frauen dagegen behaupten, es gehe um das Geschlecht.

Die Untersuchung zeigte, daß Frauen in einer leitenden Stellung Weichheit, Hellhörigkeit und Fürsorglichkeit entwickeln, also einen auf Menschen bezogenen Führungsstil. Bei den Männern war die Sachbezogenheit größer. Weiterhin wurde darauf hingewiesen, daß die männlichen Rektoren sich lieber mit Problemen höheren Stellenwerts befaßten, deren Lösungen auch nach außen hin sichtbar waren. Die Schulleiterinnen wirkten mehr nach innen und entwickelten dort einen ganz anderen Stil. Im internen Bereich treten oft Konflikte auf. Die Männer verschanzen sich dabei oft hinter Vorschriften und Paragraphen, statt sich der Konflikte persönlich anzunehmen.

Aus der Untersuchung ging ferner hervor, daß die meisten Rektoren glauben, den Lehrern sei ein männlicher Schulleiter lieber, und daß diese sich tatsächlich entsprechend verhielten – bis sie schließlich einmal eine Schulleiterin kennenlernten.

Nach einigen Dienstjahren haben die Rektorinnen das Gefühl, daß ihre Wertschätzung gewachsen ist. Woran das wohl liegt, fragt man sich. Vielleicht daran, daß sie einen Führungsstil mit weiblicher Perspektive entwickelt haben.

Schluß mit dem Tratsch

Frauen verstehen etwas von Kommunikation, und meistens verfügen sie auch über soziale Kompetenz, ohne die sie in Anbetracht der Kritik aus ihrer Umgebung wahrscheinlich gar nicht in eine führende Stellung aufgestiegen wären.

Vor diesem Hintergrund fiel es den Frauen auch nie besonders schwer, sich mit den ihnen unterstellten Mitarbeitern im Betrieb zu unterhalten. Auf jeden Fall fiel es ihnen leichter als den Männern. Dafür gibt es mehrere Gründe: Frauen haben früh gelernt, Gespräche unter vier Augen zu führen. Sie engagieren sich für die Sache und sind in ihrer Einstellung gegenüber dem Personal von einem gewissen Fürsorgedenken geprägt. Gerade in diesem letzten Punkt unterscheiden sie sich deutlich von den Männern.

Wenn Frauen die Kommunikation mit den Untergebenen verbessern wollen, müssen sie – mehr als die Männer, wie es scheint – von dem, was sie tun, auch überzeugt sein. Gute Chefinnen engagieren sich für ihre Sache. Die meisten Frauen sehen ihre Arbeit überdies aus einer weiteren, gesellschaftlichen Perspektive.

In allen Betrieben und Organisationen wird viel gequatscht – besonders über den Chef oder die Chefin. Besonderer Beliebtheit erfreuen sich herablassende Äußerungen über Frauen. Damit müssen wir uns – und dies ist absolut überlebenswichtig – auseinandersetzen. Nach meiner Erfahrung sind Frauen eher dem Geschwätz ausgesetzt als ihre männlichen Kollegen. Bis zu einem gewissen Grade muß sich ein Chef oder eine Chefin damit abfinden, daß hinter seinem oder ihrem Rücken Gutes und Schlechtes über ihn oder sie getuschelt wird. Was ich hier jedoch meine, ist der bisweilen völlig ausufernde bösartige Tratsch, der einem an die Nieren geht.

Ich sage weiblichen Führungskräften oft, daß sie sich gegen diese Form der üblen Nachrede zur Wehr setzen müssen, und zwar im Einzelgespräch mit den betreffenden Kollegen. Auch wenn es frau reizt, sollte sie die direkte Konfrontation meiden und sich Sätze wie «Halten Sie Ihr Lästermaul, ich bin viel besser, als Sie denken» verkneifen. Statt dessen sollte sie den Kollegen unter vier Augen fragen: «Was würden Sie an meiner Stelle tun? Was kann ich, Ihrer Meinung nach, besser machen?»

Das Gespenst aus dem Schrank

Unter einer allgemein miesen Stimmung im Betrieb leiden Frauen viel mehr als Männer. Um damit umgehen zu können, müssen die Frauen dieses Gespenst aus dem

Schrank holen, jene Verleumdung ihrer selbst. Sie müssen es hervorholen und vorzeigen: dann ist es kein Gespenst mehr. Wenn Sie zulassen, daß die Leute *mit Ihnen* genauso reden wie *über Sie,* wird alles schon realistischer. Manchmal verhalten sich Frauen natürlich auch unklug, wobei dann ein gewisses Feedback unerläßlich ist. Ebensooft sieht sich jedoch die Chefin einer sogenannten «Projektion» ausgesetzt. Statt sich zum eigenen Versagen zu bekennen, ziehen manche Mitarbeiter hinterrücks über die Vorgesetzte her. Eine Methode, mit diesem Problem umzugehen, liegt darin, den Mitarbeitern die Möglichkeit zu geben, der Chefin direkt zu sagen, was sie von ihr halten.

Nicht nur weibliche Führungskräfte, sondern im Grunde alle berufstätigen Frauen sind Opfer von Klatsch, Tratsch und Verleumdungen am Arbeitsplatz. Verschont werden nur die harmlosen «Mädchen». Frauen, die Karriere machen wollen, brauchen daher unbedingt zuverlässige «Alliierte». Frauen spüren es, wenn über sie geredet wird, und sie leiden darunter. Außerdem kostet es sie viel Energie und Kraft.

Von Frauen wird – eben weil sie Frauen sind – erwartet, daß sie mit anderen Frauen enge, wechselseitige Kontakte pflegen. Dieser Erwartung sollte durchaus entsprochen werden: Regelmäßige Gespräche tragen dazu bei, daß zwischen Frauen auf verschiedenen Ebenen ein gutes Verhältnis entsteht. Alle, von der Zentrale bis zum Raumpflegepersonal, erwarten, daß die Chefin persönlich mit ihnen spricht. Wer diese Beziehungen wahrnimmt, kann auch mit deren Unterstützung rechnen.

Wenn aufgrund der Informationen, die frau bekommen hat, bestimmte Veränderungen unerläßlich sind, besteht der nächste Schritt nach den individuellen Gesprächen in der Gruppendiskussion. Frau könnte zum Beispiel sagen: «Ich weiß inzwischen, daß ich mich nicht deutlich genug ausgedrückt habe und daß Ihnen dadurch meine Entscheidung vielleicht entgangen oder unverständlich geblieben ist. Ich werde also dieses und jenes tun, möchte aber gerne wissen, wie Sie dazu stehen. Ich brauche Ihr Feedback...»

Während die Kommunikation zwischen Chefinnen und ihren Untergebenen meistens klappt, gibt es oft Probleme im Kontakt mit der nächsthöheren Instanz. Am störungsanfälligsten ist jedoch die Kommunikation mit Kolleginnen und Kollegen auf der gleichen Ebene.

Stellen Sie Ansprüche! Verlangen Sie Feedback

In der Kommunikation mit den eigenen Vorgesetzten lassen sich generell zwei Cheftypen unterscheiden.

Im ersten Fall hat die Frau einen männlichen Vorgesetzten, der sich von ihr bedroht fühlt. Er fürchtet, daß sie erkennt, wie gut sie ist, und daß sie eines Tages an ihm vorbeizieht. Er ist sich vollauf der Tatsache bewußt, daß er mit ihren Fähigkeiten und ihrer Kompetenz nicht mithalten kann. Bemerkenswerterweise reden ausgerechnet solche Männer oft und gerne von der mangelnden Kompetenz der Frauen.

Frauen, die Probleme mit ihrem unmittelbaren Vorgesetzten haben, kommen mit *dessen* Chef meist gut zurecht. Gleichzeitig aber – und das darf frau nie vergessen – sind die beiden Chefs in einer Art Bruderschaft miteinander verbunden. Trifft sich die Frau mit dem Chef des Chefs, kann sie sich normalerweise dessen Wertschätzung sicher sein. Er erkennt ihre Leistungen an und unterstützt sie, doch überschreitet diese Unterstützung niemals die Grenzen der Bruderschaft. Mir ist bisher noch kein Fall bekannt, in dem ein höherer Vorgesetzter die kompetente Mitarbeiterin eines in der Hierarchie weiter unten angesiedelten Abteilungsleiters befördert hätte.

Der zweite Cheftyp ist mit seinen Mitarbeitern hoch zufrieden und glücklich. Alles in Butter, möchte frau denken. Doch leider ist dem nicht so. Frauen sollten im betriebsinternen Beziehungsgeflecht ihre Mitarbeiter mitziehen, höheren Zielen entgegen. Lassen Sie mich dies etwas näher erläutern.

Keine Frau bekommt eine Stellung – egal ob Führungsposition oder nicht –, ohne daß zuvor ihre Vor- und Nachteile genauestens analysiert werden. Die Auswahlkriterien sind viel strenger als bei ihren männlichen

Kollegen oder Vorgesetzten. Wissenschaftliche Untersuchungen zu diesem Themenkomplex liegen zwar noch nicht vor, doch habe ich persönlich oft genug miterlebt, in welch unvorstellbarer Weise Stellenbewerberinnen ausgeforscht werden.

Wird einer Frau nach einer solchen Überprüfung eine leitende Position angeboten, so muß sie ihrerseits Forderungen stellen. Das fällt ihr oft schwer, ist aber unerläßlich. Sie muß, selbst wenn sie den Job unbedingt haben möchte und weiß, daß ihre Chancen durch neue Ansprüche nicht gerade größer werden, eiskalt bleiben und klare Erwartungen äußern.

Der erste Anspruch, den Sie als Frau geltend machen können, ist der Anspruch auf Unterstützung. «Kann ich auf Ihre Loyalität vertrauen? Sind Sie persönlich mein Vorgesetzter? Kann ich auch nach außen hin mit Ihrer Unterstützung rechnen, und in welcher Form äußert sich diese?» Solche Fragen müssen klipp und klar beantwortet werden, bevor eine Frau eine leitende Stelle übernimmt.

Sie haben Anspruch darauf zu erfahren, wie Sie sich in Ihrer neuen Stellung entwickeln, was Sie richtig machen und was falsch. Fragen Sie, was passiert, wenn nicht alles so läuft wie gewünscht. Es gilt, «in die Rolle der Chefin hineinzuwachsen». Männer geben Beurteilungen über Frauen gerne an andere weiter, haben jedoch große Schwierigkeiten, sie den Frauen direkt zu vermitteln.

Und *last but not least*: Verlangen Sie eine genaue

Beschreibung dessen, was in Zukunft von Ihnen erwartet wird. Fragen Sie, warum ausgerechnet Sie für diesen Posten ausersehen sind und in welcher Richtung Sie sich künftig weiterentwickeln sollen. Bestehen Sie von Anfang an auf möglichst konkreten Auskünften.

Großer kleiner Chef

Männer sind in ihren Beziehungen innerhalb der Hierarchien *positionsloyal,* Frauen dagegen *personenloyal.* Kehrt der Chef nach außen hin den großen Max heraus, ist jedoch von seiner Persönlichkeit her eher klein, so neigen Männer dazu, nur die große Fassade zu sehen und sich damit zufriedenzugeben. Frauen erkennen dagegen eher die menschliche Beschränktheit und verachten das pompöse Gehabe. Sie können sich leicht alles verderben, indem sie sich querstellen und ihre Vorbehalte im Kollegenkreis verbreiten. Die Männer haben dafür kein Verständnis; sie sehen nur das Grandiose.

Sehr wichtig ist auch, daß Sie als Frau nicht bereit sein dürfen, die Verantwortung für Fehlentscheidungen Ihres Chefs zu übernehmen. Daß Frauen immer wieder für ihre schlechten Vorgesetzten die Kastanien aus dem Feuer holen, läßt sich an vielen Beispielen belegen. Die Beziehungen zum Chef werden dadurch allerdings beeinträchtigt, denn der Mann weiß natürlich, was gelaufen ist, und fühlt sich bedroht. Der nächsthöhere Vorgesetzte weiß dagegen die Rettungstaten der Frau zu schätzen – und verstärkt damit die Angst des Mannes dazwischen. Im Grunde handelt es sich um ein übles Spiel, wie ich es nur allzu oft beobachten konnte. Die Bruderschaft hält die beiden Chefs zusammen. Und da nur sie zählt, hilft es der Frau überhaupt nicht, wenn der Chef des Chefs unter vier Augen ihre Leistung anerkennt.

Ich habe mir lange über diesen Sachverhalt den Kopf zerbrochen und kam schließlich zu folgender Einsicht: Versucht eine Frau, bei einem unfähigen Chef, der gerne den großen Max spielt, bestimmte Probleme anzusprechen, schürt sie unter den Männern Angst. Sie fürchten, daß die Kritik der Frau zu persönlich wird und ihnen zu nahe tritt. Der Chef des Chefs verbirgt seine Furcht hinter der Fassade des «Vatis» und erschwert der Frau damit das Erwachsenwerden. Sie reagiert als «Mädchen».

Frauen haben keine Übung darin, dieses Spielchen zu durchschauen, und werden das Gefühl nicht los, daß sie selbst an allem schuld sind.

Vermeiden Sie öffentliche Kastrationen

Die eigentlichen Probleme der Frauen im Beziehungs- und Kommunikationsgefüge des Betriebs oder der Organisation sind jedoch, wie erwähnt, auf der gleichen Rangstufe angesiedelt, wobei die Konflikte mit den Kollegen aufreibender sind als die mit den Kolleginnen. Was läßt sich dagegen tun?

Sie müssen in solchen Fällen – und dazu gehört Mut – direkt gegen den oder die Quertreiber vorgehen. Männer scheuen die Fähigkeit der Frauen zur Nähe. Unbewußt sind sie sich darüber im klaren, daß sie sich falsch verhalten, und haben Angst davor, daß die Frauen sie darauf hinweisen könnten.

Beherzigen Sie als Frau eines: Kastrieren – das heißt *kritisieren* – Sie die Männer nicht öffentlich! Öffentliche Kritik an einem Mann hat oft verheerende Konsequenzen für die Frau, ihre innerbetriebliche Stellung und ihre Karrierechancen. Ich bin durchaus dafür, daß frau gelegentlich aus ihrem Herzen keine Mördergrube macht und ihrer Wut freien Lauf läßt – nur sollte sie nie einen Mann vor einem anderen zur Schnecke machen! Auch wenn sie sich verletzt fühlt und genau weiß, wer sie hintergangen hat, muß sie die Angelegenheit diskret handhaben. Männer sind ganz offensichtlich ungeheuer leicht zu kastrieren! Packen Sie sich den Übeltäter und sagen Sie zu ihm unter vier Augen ungefähr folgendes: «Jetzt hören Sie mir mal gut zu. Ich glaube, wir müssen uns einmal zusammensetzen und miteinander reden. Ich würde sehr gerne wissen, was Sie von meinem Referat heute morgen in der Vorstandssitzung hielten.»

Männer haben Angst, auf der Gefühlsebene überrumpelt

zu werden. Frau muß ihnen daher eine gewisse Vorbereitungszeit einräumen. Sie muß, will sie ihre Ziele erreichen, strategisch vorgehen und gegebenenfalls auch nachgeben können, was – zugegeben! – nicht immer leicht ist. Auf jeden Fall ist es besser für sie, sich die Kritik des Verleumders direkt anzuhören, als sie hintenherum zugetragen zu bekommen. Nur so bringt sie ihn zum Schweigen. Der Bursche hat schließlich Angst vor ihr und bringt seine Unsicherheit dadurch zum Ausdruck, daß er vor anderen Männern über sie herzieht. Vielleicht sagt er zu einem Mitarbeiter in vertraulichem Ton: «Meinen Sie nicht auch, daß die Kollegin heute in der Vorstandssitzung ein bißchen rechthaberisch war? Die hat ja alle Register gezogen…» Dies ist seine Methode, den eigenen Standpunkt zu überprüfen. Der angesprochene Mitarbeiter hatte sich bis dahin vielleicht noch gar keine eigene Meinung gebildet. Aber jetzt antwortet er: «Ja, das stimmt, den Eindruck hatte ich auch.» Und über kurz oder lang wird aus der Mücke ein Elefant oder aus der Feder ein Huhn.

Im Gespräch unter vier Augen läßt sich die Mücke totschlagen bzw. dem Huhn der Kragen umdrehen – vorausgesetzt, frau läßt den Männern eine gewisse Vorbereitungszeit. Sie muß allerdings lernen, mit ihren Vorwürfen hauszuhalten. Nach Ansicht der Männer beschweren sich die Frauen viel zu oft – und das ist, unter uns gesagt, ja auch oft genug angebracht. Nur: Es ist taktisch unklug und führt nicht zum gewünschten Ziel.

Wer auf konstruktive, reformorientierte Kritik Wert legt, muß von sich aus darum nachsuchen, weil sonst hinterrücks Dinge verbreitet werden, die die Frau eigentlich lieber mit eigenen Ohren hören möchte. Beginnen Sie das Gespräch zum Beispiel mit folgender Frage: «Als ich heute in der Sitzung mein Anliegen vortrug, fingen Sie demonstrativ an, in Ihren Akten zu lesen und mit Ihrem Tischnachbarn zu plaudern. Kaum war ich fertig, haben Sie Ihre Giftpfeile auf mich abgeschossen. Was veranlaßt Sie zu diesem Verhalten?»

Frauen sind oft überrascht darüber, was sie bei solchen Gelegenheiten über sich selbst erfahren. Nicht selten handelt es sich um Dinge, die durchaus wichtig, den betroffenen Frauen jedoch nicht bewußt waren. Frauen sind nicht perfekt. Wenn sie in einem Vakuum leben und keinerlei Feedback bekommen, nehmen die Dinge bisweilen seltsame Dimensionen an. Die Devise für den geschilderten Lösungsversuch im Zwiegespräch kann lauten: «Ich kenne den Burschen, der hinter meinem Rücken über mich herzieht, und kann ihn dazu bringen, daß er in Zukunft einen Beitrag zu meinem persönlichen Fortkommen leistet.»

Bevor ich Beraterin wurde, war ich gezwungen, selbst einige Gespräche dieser Art zu führen. Es ging in meinem Fall darum, daß mir Ideen gestohlen wurden: Ich hatte einen Gedanken vorgebracht und weiterentwickelt – und plötzlich kam jemand und machte den Vorschlag zu seinem eigenen. Ich war noch sehr jung und so verdutzt, daß ich mit offenem Mund dasaß. Als ich endlich wieder Worte fand, schnauzte ich den Mann an: «Was fällt Ihnen ein, meine Idee als Ihre eigene auszugeben?» Diese Reaktion war absolut falsch – die öffentliche Kastration! Als wir später im Besprechungszimmer unter vier Augen und unter Wahrung des gegenseitigen Respekts über die Angelegenheit sprachen, stellte sich heraus, daß der Mann seinen geistigen Diebstahl überhaupt nicht bemerkt hatte. Ich hatte mich ereifert und allem Anschein nach überreagiert. Wahrscheinlich hatte ich meine Idee in Form einer Frage vorgebracht – eine Vorgehensweise, die von Männern oft nicht als konkreter Vorschlag angesehen wird. Der Mann hatte einfach nicht begriffen, worum es ging. So wie mir damals ergeht es, wie ich inzwischen weiß, vielen Frauen.

Problemfall: Stimme

Männer stören sich oft an der Vortragsweise der Frauen. Die Stimme geht ihnen auf den Wecker. Frauen müssen achtgeben, daß sie im Eifer des Gefechts nicht ins Falsett verfallen. Männer können ihnen dann nicht mehr zuhören – und anderen Frauen ergeht es ebenso. Frauenstimmen können unter Umständen unerträglich kreischend klingen. Um ihrem Publikum das Zuhören zu erleichtern, sollte frau sich daher um eine etwas tiefere, normale Tonlage bemühen.

Ein zweites Problem: Frauen sprechen oft sehr leise, weil sie fürchten, andernfalls zu dominant zu erscheinen. Im Grunde ist das nicht schlimm, doch besteht die Gefahr, daß der eine oder andere Zuhörer irgendwann einfach abschaltet und den Faden verliert.

Rechnen Sie mit Konflikten – es geht nicht ohne

In Schweden scheint Kompetenz in hohem Grade geschlechtsabhängig zu sein. Aber nicht nur hier, in allen Ländern mit vielen berufstätigen Frauen fragt man sich wohl, warum so wenige Frauen leitende Stellungen bekleiden.

Die übliche Antwort darauf lautet, man suche Kompetenz und Wissen, und Kompetenz, so heißt es, sei an die Person gebunden. Doch in Wirklichkeit macht man, wie gesagt, die Kompetenz vom Geschlecht abhängig. Männer sind unter sich, wenn Entscheidungen getroffen werden, und infolgedessen entscheidet «mann» sich für den kompetentesten Mann. Wenn Männer und Frauen gleich kompetent sind, die Frauen aber nicht zum Zuge kommen, so ist das eine Form von Unterdrückung am Arbeitsplatz. Jegliche Kompetenz sollte die Chance zur Entfaltung bekommen. Wenn sich nur die männliche Eignung für leitende Funktionen entwickeln darf, so wirkt sich dies auch auf das Arbeitsklima aus.

Natürlich gibt es auch Organisationen, in denen nicht von vornherein geschlechtsbezogen gedacht wird. Aber die Regel ist das nicht. Die Regel ist vielmehr, daß man sich an geschlechtsspezifische Rollenmuster klammert und damit faktisch auch an dem Glauben festhält, die Kompetenz sei an die Person gebunden – sprich: ans Geschlecht. Das ist einer der Gründe dafür, daß ich in meinen Führungsseminaren für Männer, denen Frauen unterstellt sind, die Herren immer wieder darüber nachdenken lasse, welche Stellung sie wohl innehätten, wenn sie als Frau auf die Welt gekommen wären. Diese Denksportaufgabe ist für die Männer nicht nur verwirrend, sondern auch schwierig, und erst wenn sie sie bewältigt haben, sind sie allmählich imstande zu begreifen, wie streng Kompetenz ans Geschlecht gebunden ist. Männer glauben ja immer gerne, daß sie ihre Stellung allein ihrer persönlichen Tüchtigkeit verdanken.

Wie Frauen sich verhalten, wenn sie eines Tages in eine leitende Position aufrücken, hängt auch vom Ausmaß der Unterdrückung ab, der sie ausgesetzt sind. In Betrieben und Organisationen, in denen es Frauen schwer haben, sich Geltung zu verschaffen, werden allenfalls einzelne Frauen in Führungsgremien aufgenommen oder gelangen unmittelbar an die Spitze. Aber auch sie werden unbewußt unterdrückt, indem ihnen suggeriert wird, daß sie eigentlich gar keine Frau sein dürften. Eine Frau in einer solchen Situation muß sich zum Beispiel ständig anhören, sie sei eine Ausnahme und mit anderen Frauen gar nicht zu vergleichen. Sie bekommt allmählich das Gefühl, daß sie geschätzt wird, *obwohl* sie eine Frau ist, und daß Frausein als solches etwas Minderwertiges ist.

Wenn Frauen Chefinnen werden, wird auch der Unterschied zwischen Familienvater und Hausmütterchen deutlich. Es geht um verschiedene Traditionen. Rückt eine Frau in eine mit unsichtbaren männlichen Vorzeichen versehene Führungsrolle auf, begibt sie sich auf Kollisionskurs. Das Risiko erhöht sich noch, wenn die Frau ihre Stellung im Wettbewerb mit einem Mann erringt, der sich einbildet, der Posten hätte eigentlich ihm zugestanden. Man stellt doch einen Mann nicht ins Abseits, weil eine Frau Chefin geworden ist.

Frauen sind es gewohnt, zu Hause das Sagen zu haben. Sie haben seit jeher den Haushalt geführt und Mann und Kindern gesagt, wo's langgeht. Das wurde voll und ganz akzeptiert, geschah es doch ohne jede männliche Konkurrenz. Aber mit einer Chefin am Arbeitsplatz kristallisieren sich die männlichen Verhaltensmuster gegenüber Frauen heraus – und zwar sehr deutlich.

Die drei folgenden Verhaltensweisen gegenüber Frauen lassen sich unterscheiden:

- Erstens: Die Frauen finden Beachtung – und zwar bei denjenigen Männern, die sich nicht bedroht fühlen.

- Zweitens: Die Männer erweisen sich als vollkommen blind. Sie sehen gar nichts – nicht einmal die Chefin.

- Drittens: Die Männer werden wütend. Das ist die

häufigste Reaktion. Es handelt sich um eine besondere Wut, die oft etwas zu tun hat mit dem Zorn auf die Mutter über ihnen.

Frauen haben soziale Kompetenz

Hat nur eine einzelne Frau eine Führungsposition inne, so empfinden die Männer das meist noch nicht als besonders gefährlich. Entsteht bei den Männern jedoch der Eindruck, sie machten «in Massen» Karriere, beginnen sie, sich bedroht zu fühlen. In Männeraugen beginnen die «Massen» bei einem Frauenanteil von etwa dreißig Prozent.

Frauen, die den beruflichen Aufstieg planen, müssen sich dazu bekennen, daß sie den Ton angeben wollen. Es ist viel besser, direkte Anweisungen zu erteilen, als indirekt von einer Seitenposition aus oder «verstohlen» zu führen. «Verstohlene Führung» heißt, wie ich in einem anderen Zusammenhang einmal erläuterte, daß frau hinter dem Rücken eines übergeordneten Vorgesetzten agiert und durch ihn Einfluß nimmt, anstatt selbst die Macht zu übernehmen.

Wichtig ist auch, daß Frauen die Möglichkeiten erkennen, die eine leitende Position ihnen bietet – unter anderem die Möglichkeit, Änderungen durchzusetzen. Auffallend oft sagen Frauen, daß sie gerne Chefinnen sind. Sie müssen aber auf Konfrontationen mit ihrem eigenen autoritären Ich, das heißt mit ihrer männlichen Seite, gefaßt sein. Sie müssen die Angst, man könne sie für zu dominant halten, überwinden. Sie müssen erkennen, daß es darauf ankommt, den eigenen Drang zum Befehlen mit einem demokratischen Führungsstil zu kombinieren. Sie sollten ganz einfach die Herausforderungen der leitenden Position annehmen, ohne sich in ihrer Weiblichkeit bedroht zu fühlen.

Frauen werden von Kindesbeinen an zur sozialen Verantwortung erzogen, die sie später ins Berufsleben einbringen. Früher, als noch der autoritäre Führungsstil gang und gäbe war, wurde auf diese Eigenschaft kein Wert gelegt. Heute kommt man ohne die plötzlich so beliebte «emotionale Intelligenz» nicht aus. Von einem Vorgesetzten wird soziale Verantwortung erwartet. Frauen können keinen autoritären Führungsstil praktizieren und sich dabei wohl fühlen. Aber sie können aus ihrer sozialen Verantwortung heraus führen. Manchmal sagen Frauen: «Ich weiß, daß Sie meine Anweisungen genau befolgen, wenn ich Ihnen klipp und klar sage, wo's langgeht. Aber ich weigere mich, das zu tun.» In der Arbeitswelt glaubte man lange an den autoritären Führungsstil. «So wird's gemacht und damit basta!» Noch heute ist diese Sichtweise weiter verbreitet, als wir vielleicht ahnen. Die Frauen jedoch glauben, daß autoritäres Gehabe mit ihrem eigenen Führungsstil unvereinbar ist. Dafür sollten wir dankbar sein!

Eine Frau, die eine leitende Stellung antritt, muß jederzeit mit Konflikten rechnen. Dies zu hören erstaunt die Frauen mitunter – vor allem, wenn es von mir kommt, von der sie ja wissen, daß ich für das Recht der Frauen auf leitende Positionen streite. Eine Frau, die während ihrer Tätigkeit im Betrieb mitbekam, daß viele Konflikte unter den Teppich gekehrt worden waren, zog, als sie Chefin geworden war, den Teppich fort und räumte die Konflikte aus dem Weg. Doch da entstand auf einmal Unruhe im Betrieb, vor allem unter jenen, die noch ihrem Mädchen- oder Bubenverhalten verhaftet waren.

Viel Verantwortung, wenig Macht

Beim Kaffeetrinken reden Mädchen gerne darüber, was geschehen sollte und wie. Doch kommen die Probleme schließlich auf den Tisch und jemand muß sich ihrer annehmen, da laufen die Mädchen vor ihrer Verantwortung davon. Sie fühlen sich bedroht, weil sie auf einmal Flagge zeigen und ihren eigenen Standpunkt klarmachen müssen. Reden ist leicht – vor allem, wenn man keinerlei Macht besitzt. Nimmt eine neue Chefin die Probleme in Angriff, wenden sich die «Mädchen» mitunter gegen sie. Sie bekommen plötzlich von der Chefin ihnen gemäße Aufgaben zugewiesen, scheuen aber die Herausforderung und lassen ihre Frustration schließlich an der Vorgesetzten aus.

Die Reaktion der Männer auf die Bemühungen der Frauen, die Konflikte ans Licht zu holen und zu lösen, fällt anders aus. Viele, die der Bubenrolle noch nicht entwachsen sind, brauchen Revier- und Prestigekämpfe wie das tägliche Brot und die Luft zum Atmen; es sind Ventile für die innere Unterdrückung, der sie sich selbst aussetzen, eine Unterdrückung, die ihre Entfaltung und Entwicklung blockiert. Sie sind im Grunde genommen an der Lösung von Konflikten gar nicht interessiert und werden sich wahrscheinlich sogar dagegen wehren.

Hier ein paar Ratschläge für eine Chefin, die Konflikte lösen will:

- Machen Sie sich klar, daß Sie allein sind. Das ist schwer. Besonders schwer wird es, wenn keine andere Frau da ist, mit der Sie sich vergleichen können, und sich ganz auf sich selbst verlassen müssen.

- Sie müssen darauf achten, daß Sie als Chefin auch echte Vollmachten bekommen. Allzu leicht passiert es, daß frau voller Dankbarkeit eine Funktion übernimmt, um endlich zu zeigen, was sie kann. Was die Befugnisse, Mittel und Informationen betrifft, müssen Sie jedoch rechtzeitig und eiskalt Ihre Forderungen stellen. Es fällt Frauen so leicht zu zeigen, wie tüchtig sie sind – und so schwer, Forderungen zu stellen.

- Sie müssen einsehen, daß Sie nicht für alles und jedes verantwortlich sind. Sie müssen sich selbst distanziert betrachten. Sie dürfen in Ihrem Ehrgeiz, die Leistungsfähigkeit der Frauen unter Beweis zu stellen, nicht den nötigen Abstand verlieren.

Wenn Sie diese Ratschläge beherzigen, können Sie eine Erfahrung vermeiden, die vielen Frauen in Führungspositionen nicht erspart bleibt: Man lädt ihnen viel Verantwortung auf, gibt ihnen aber nur wenig Macht. Die

Verantwortungsstrukturen in Betrieben und Organisationen sind oftmals diffus, die Machtstrukturen hingegen glasklar. Und die Verantwortung wird gerne den Frauen aufgehalst; die Macht dagegen behalten die Männer lieber selber.

Frauen, die eine Führungsposition übernehmen, müssen gleich von Anfang an Klarheit darüber schaffen, welche Erwartungen an sie gestellt werden. Gewöhnlich empfehle ich den Frauen, sich an die Belegschaft zu wenden und sie zu fragen, was sie von ihr als neuer Chefin erwartet. Tun Sie das gleich im ersten Monat. Oft bestehen nämlich einer Chefin gegenüber unrealistische Erwartungen. Im Dialog können sich beide Seiten darüber verständigen.

Ebenso sollte eine Frau versuchen, realistisch abzuschätzen, wie sie, wenn sie sich unrealistischen Erwartungen entgegenstellt, als Chefin bewertet und beurteilt wird. Andernfalls besteht die Gefahr, daß sie in die Mädchenrolle verfällt. In schwierigen Situationen wollen Frauen gerne bestätigt, beliebt und geschätzt sein. Alles soll reibungslos funktionieren, selbst wenn frau die Absicht hat, bestimmte Dinge zu verändern. In Wirklichkeit müssen die Frauen auf die Voraussetzungen zur Entwicklung eines weiblichen Führungsstils achten, der dann auf dem Fundament von Selbstbewußtsein und Selbstkenntnis ruhen muß.

Die Forschungen zeigen, daß Chefinnen unabhängig davon, wie sie tatsächlich sind, beurteilt werden. Ich bin selbst erstaunt darüber, wie schlecht manchmal sogar über sehr gute Chefinnen geredet wird – Chefinnen, die auf jeden Fall bedeutend besser sind als viele mittelmäßige Männer. Oft heißt es: «Die ist schwierig» oder «Die ist ja ein richtiger Drachen». Wenn ich die Betreffende dann kennenlerne, stelle ich fest, daß sie eine tüchtige, nachdenkliche und reflektierende Frau ist. Bei dem Geschwätz über sie handelt es sich um innerbetriebliche Projektionen. Die Chefinnen müssen viele der Probleme auf sich laden, mit denen der Betrieb schon vor ihrem Dienstantritt belastet war, zum Beispiel das herrschende Frauenbild. Dieses spiegelt sich oft in Beurteilungen wider wie: «Sie ist schlimmer als ein Mann.» Vor diesem Hintergrund sollte auch der Rat gesehen werden, frau möge sich von vornherein Klarheit darüber verschaffen, welche Erwartungen an sie als künftige Chefin gestellt werden.

Hier noch ein Beispiel für das Geschwätz hinter dem Rücken einer Frau, die es zu einer echten Spitzenstellung brachte. Bevor sie die Stelle antrat, hatte man kein böses Wort über sie gehört. Kaum war sie jedoch in Amt und Würden, ging die üble Nachrede los. Dabei war sie genau die gleiche Person wie vorher. Aus den Reaktionen sprach natürlich auch eine große Angst vor der weiblichen Kraft.

Vorsicht vor den Papis!

Vorsicht vor den Papis! Es gibt Männer, die sich innerbetriebliches Ansehen verschaffen, indem sie eine Frau befördern. Wohlgemerkt – *nur eine!* Damit will «mann» zu verstehen geben, daß er ein reifer, kluger und mutiger Mann ist, der über das halbstarkenhafte Rudelverhalten hinausdenkt und wirklich auf Frauen setzen will. Vor solchen Männern muß frau sehr auf der Hut sein. Vorsicht vor den Papis! Kaum sind solche Männer unter sich und ihresgleichen – Frauen sind hier natürlich nicht zugelassen –, da heulen sie wieder mit den Wölfen. Den Frauen gegenüber spielen sie eine Art Papi: «Seht mich an, wie modern und weitblickend ich bin. Ich breche alte Tabus und setze mich für die Frauen ein.» Hat frau einen solchen Papi zum Chef, ist es für sie äußerst schwierig, nicht in die Mädchenrolle zu verfallen und, weil der Chef so weitsichtig war, sie auf eine gehobene Position zu hieven, die Dankbare, Zufriedene und Genügsame zu spielen.

Frau muß wissen, daß sie von diesen Papis ausgebeutet wird. Sie bekommt zwar den Job, doch von den wichtigen Entscheidungen wird sie nach wie vor ausgeschlossen.

Bestehende Strukturen aufbrechen

Um ein wenig mehr darüber zu erfahren, wie Männer weibliche Führungskräfte beurteilen, sah ich mich nach entsprechenden wissenschaftlichen Untersuchungen um. Es gab keine. Deshalb führte ich selbst eine Reihe von Befragungen durch. Dabei schälte sich allmählich ein Schema heraus, auf das ich im folgenden näher eingehen möchte.

«Sie brechen mit fast allem, was bisher üblich war», meinen Männer, die eine Frau zur Vorgesetzten haben. Was hat sich für die Männer geändert? Sie haben niemanden mehr, dem sie nacheifern können, niemanden, der für sie die männlichen Ideale Stärke, Logik und Tatkraft personifiziert, und niemanden, der in seinem Führungsstil Ehrgeiz mit dem Willen zum Konkurrenzkampf kombiniert. Auch das Prestige, das männlichen Führungskräften gemeinhin zukommt, fehlt oft dem Image ihrer weiblichen Pendants – ein erfolgverheißendes Prestige, das oft nicht mehr als ein hinter einem Pokerface verborgenes Spiel ist. Und genau dies ist es, was Männer bei weiblichen Führungskräften vermissen.

Ein männlicher Forscher hat nachgewiesen, daß Männer in Führungspositionen männliche Wertvorstellungen in der

Unternehmenskultur übertreiben, verstärken und konservieren. Dies geschieht vor allem im Beisein anderer Männer.

Männliche Chefs sagen über Chefinnen: «Eine Chefin muß Selbstvertrauen haben und wissen, wer sie ist.» Für die männlichen Mitarbeiter wird es schwer, wenn die Chefin in die Mädchenrolle verfällt, denn ihre Unsicherheit, wer denn nun eigentlich das Sagen hat, wird dadurch noch größer.

In den Interviews gaben Männer mit weiblichen Vorgesetzten zunächst an, es gebe keine Unterschiede zwischen männlichen und weiblichen Chefs. Doch beim Nachfragen stellte sich dann heraus, daß diese Männer doch eine ganze Menge von Unterschieden beobachtet hatten. Hier einige wörtliche Zitate aus den Befragungen:

- «Uns Männern in einem von Frauen dominierten Beruf wird für unsere Arbeit ungerechterweise mehr Wertschätzung entgegengebracht als unseren Kolleginnen.»

- «Unsere Chefinnen können mehrere Dinge gleichzeitig erledigen, ohne dabei in Streß zu geraten.»

- «Chefinnen sind direkter. Da wird nicht alles tausendmal wiedergekäut. Der Entscheidungsprozeß ist schnell. Und sie schaffen es, über mehrere Dinge gleichzeitig zu sprechen.»

Die Männer sagten auch, daß sie, nachdem sie eine Chefin bekommen hatten, mehr von den beruflichen Kompetenzen ihrer eigenen Ehefrauen erfuhren. Dies ist insofern interessant, als Männer ja häufig erzählen, daß sie sich von ihren Frauen «beraten lassen». Wenn die Frauen in Führungspositionen aufrücken, so bekommen Männer auf diese Weise einen Begriff von den tatsächlichen Fähigkeiten ihrer Ehefrauen.

Die befragten Männer waren überdies der Meinung, daß Chefinnen Schwierigkeiten hätten, Männer als Untergebene zu behandeln. Wahrscheinlich störte die männlichen Mitarbeiter die tiefe Tradition der unhierarchischen Zusammengehörigkeit, in der Frauen erzogen werden. Die Befragung zeigt auch, daß es nachdenkliche und klarsichtige Männer waren, die die Interviewfragen beantworteten.

Es ging daraus hervor, daß die Männer gemerkt hatten, daß Frauen in Führungspositionen in der Gewohnheit aufgewachsen waren, von Männern bestätigt oder getadelt zu werden.

Andere Bemerkungen der Männer verrieten, daß mit dem Eintritt der Frau in die leitende Position das Machtsystem der Männer deutlich zutage tritt, und daß Frauen den Ehrgeiz haben, so tüchtig zu sein wie die Männer, vermutlich aber erheblich tüchtiger sind. Die Männer meinten auch, daß Frauen leicht in die Rolle des «Maskottchens» oder der «Mama» verfielen, und sie wiesen darauf hin, daß ein großer Unterschied zwischen den Männern, die sich von den Frauen bedroht fühlen, und jenen, bei denen dies nicht der Fall ist, besteht.

Frauen, die es geschafft haben, sind professionell in ihrem Führungsstil – und dies nach dem Urteil von Männern und aus deren Verständnis von Professionalität heraus. Es ist eine Tatsache, daß Chefinnen ihr Metier beherrschen, und wir können nicht genug darauf hinweisen. Männer müssen auch die jeweiligen Gründe für den Aufstieg dieser oder jener Frau in eine Führungsposition kennen. Männer suchen ja, wie bereits erwähnt, eine Führung, an der sie sich orientieren können. Die Befragung zeigt außerdem, wie immens wichtig es ist, daß weibliche Führungskräfte durch übergeordnete Stellen in der Organisation unterstützt werden.

Die Männer müssen wissen, warum Frauen in leitende Positionen vorgerückt sind. Umgekehrt scheint das nicht der Fall zu sein. Oft genug kommt es vor, daß Frauen nicht verstehen, warum ausgerechnet dieser oder jener Mann auf dem Chefsessel sitzt.

Ein hochrangiger Banker machte sich Gedanken darüber, was für Männer besonders wichtig wäre. Er griff die angebliche männliche Rationalität auf und verglich sie mit der Intuition. Was ist das, Intuition? Ja, sagte er dann, das ist das, worauf die Männer von allein nicht kommen.

Was ist männliche Rationalität, wollte ich wissen. Ja,

sagte er, wir glauben, daß wir effizient arbeiten. Wir gehen mit großem Ernst ans Werk. Wir bauen ein intellektuelles System auf, das – nebenbei bemerkt – die Frauen oft durchschauen. Ja, und dann machen wir uns sehr zielbewußt und seriös ans Werk. Doch warum gelingt es uns trotzdem nicht, alle Probleme zu lösen? Weil wir nicht einsehen, daß unser Modell unzureichend ist und modifizierbar sein muß. Genau an diesem Punkt, wenn also das Modell nicht funktioniert, lassen sich die Männer von den Führungseigenschaften der Frauen helfen. Sie sagen, es war die weibliche Intuition, die ihnen aus der Sackgasse half.

In solchen Situationen – der Mann hat ein Problem und kommt nicht weiter, und eine Frau hat eine Idee – heißt es oft, der Einfall sei «intuitiv». Was «mann» nicht sieht, ist, daß es sich in Wirklichkeit um eine Kombination aus Wissen, Erfahrung und Gefühl handelt. Frauen besitzen die Fähigkeit zu solchen Kombinationen. Das Modell der Männer ist reines Systemdenken.

Ein weibliches Führungsmodell

Die Kommentare der Männer bieten einen Ausgangspunkt für ein Modell. Es ist teilweise widersprüchlich und sieht ungefähr folgendermaßen aus:

- Für Männer ist es wichtig, daß sie verstehen, warum eine Frau Chefin geworden ist. Sie suchen ein (männliches) Vorbild, an dem sie sich orientieren können. Frauen bieten ihnen ein solches Vorbild nicht.

- Männer sagen, daß ohne Frauen immer zuviel mit den Muskeln gespielt wird. Das wird auf die Dauer einseitig und öde. Den Männern wird nicht gestattet, die weibliche Seite in sich selbst zu sehen. Männer, die das feststellen, fühlen sich nicht von Frauen bedroht.

- Männer erwarten von ihren Chefinnen, daß sie nicht in die Mädchenrolle verfallen. Andernfalls wissen sie nicht, von wem sie geführt werden, und das empfinden sie als frustrierend.

- Wenn Frauen zu männlich werden, erkennen sich die Männer zu sehr in ihnen wieder. Das irritiert sie.

- Einige Männer spekulieren darauf, daß die Frau in die Mutterrolle verfällt. So erwarten sie sich zum Beispiel mehr Lob von einer Chefin als von einem Chef. Dagegen fällt es ihnen schwerer, sich von einer Vorgesetzten kritisieren zu lassen. Buben wollen Mamas Streicheleinheiten.

- Chefinnen, so sagen Männer, verstehen sich besonders gut aufs Zuhören, können Beziehungen aufbauen, sind gute Ratgeberinnen und wissen zu motivieren. Hier spielen wieder die Erwartungen an die Mutterrolle mit hinein.

- Die männlichen Mitarbeiter wünschen sich eine Chefin, die «Stil» hat und es auch zeigt. Männer reagieren nur selten darauf, wenn ein anderer Mann tabakgelbe Finger und einen dicken Wanst hat – doch von der Chefin erwarten sie, daß sie einen vorbildlichen Stil pflegt. «Mann» will auf seine Chefin stolz sein können – oder muß auf sie stolz sein dürfen.

- Chefinnen, die eine Entscheidung getroffen haben, gestatten auch danach die Fortsetzung der Diskussion. Das stimmt nicht mit dem männlichen Chefbild überein. Männer setzen nach einem Beschluß normalerweise alle Kraft darein, diesen auch durchzupeitschen. Die männlichen Untergebenen erwarten denn auch einen Befehl vom Chef oder eine «kleine Tracht Prügel», sagte einer. Doch «Mama» hakt noch nach und ist unruhig, weil sie fürchtet, der Beschluß könne nicht akzeptiert werden. Anstatt zu befehlen – woran die Männer gewöhnt sind –, ziehen Frauen es oft vor zu bitten. Sie wollen das Personal auf ihrer Seite haben. Sie bitten und greifen manchmal auch zu der einen oder anderen List. In ihrem persönlichen Entscheidungsprozeß sind sie oft ausgezeichnet, doch müssen sie bei der Durchsetzung der Entscheidung diktatorischer sein.

So lassen sich die Aussagen der Männer interpretieren.

Stärken und Schwächen der Frau

«Wir sorgen dafür, daß die Sache läuft. Es geschieht etwas.» Das sagen Frauen über sich selbst, wenn sie ihre Stärken beschreiben sollen: «Wir zeigen Interesse. Wir denken, daß wir für die Sache arbeiten und daß unsere Tätigkeit der Effizienz des Betriebs zugute kommt.» Sie verbinden dies mit der Fähigkeit zur ganzheitlichen Sicht der Dinge, die ihnen Überblick verschafft und sie die größeren Zusammenhänge begreifen läßt. Wer den Blick fürs Ganze hat, erkennt auch die Hindernisse auf dem Weg zum Ziel. In der Fähigkeit, sowohl das Ganze als auch die Schwierigkeiten im Detail zu sehen, liegt auch die Kunst, mit vielen Bällen gleichzeitig zu jonglieren und viele Dinge – das heißt die Teile, aus denen sich das Ganze zusammensetzt – gleichzeitig zu bearbeiten.

Frauen halten sich nicht für besonders profilierungsbedürftig, auf jeden Fall nicht in ihrem Verhalten gegenüber den Männern, und darin sehen sie durchaus eine Stärke. Es erleichtert ihnen zum Beispiel die Abänderung einer Entscheidung, die sich im nachhinein als falsch erwiesen hat. Fehlendes Prestigebewußtsein kommt immer wieder zur Sprache, wenn Frauen ihre eigenen Qualitäten beurteilen müssen. Es hängt zusammen mit ihrer Fähigkeit zu pragmatischen Entscheidungen. Sie verzetteln sich nicht in Kleinigkeiten und lassen sich nicht auf Prestigestreitigkeiten ein. Dafür haben sie keine Zeit – oder sie sagen sich, das Leben ist für so etwas zu wertvoll. Daß es ihnen leichter fällt, Fehler zu erkennen, gehört ebenfalls in diese Rubrik.

Frauen, die sich selbst beurteilen sollen, glauben außerdem, daß sie die Fähigkeit besitzen, für ein gutes Arbeitsklima sorgen zu können. Das hängt natürlich damit zusammen, daß sie besser zuhören und mehr Verständnis aufbringen als viele männliche Chefs, daß sie besser mit anderen teilen können und kein so ausgeprägtes Prestigebedürfnis haben.

Sie sind überdies stolz darauf, daß es ihnen gelingt, die Arbeit mit einem funktionierenden Privatleben zu verbinden. Auch darin sehen sie eine Stärke, trotz des schlechten Gewissens, das sie der Familie und manchmal auch dem Büro gegenüber wegen der Doppelbelastung haben.

Weniger gut sind Frauen ihren eigenen Aussagen zufolge bei der Einteilung ihrer Zeit. Sie arbeiten, als hätte ihr Tag sechsunddreißig Stunden. Desgleichen haben sie Probleme, wenn es darum geht, Grenzen zu ziehen und nein zu sagen.

Dies war eine Auswahl von Gedanken und Antworten von Frauen, die an meinen Kursen und Fortbildungsseminaren teilgenommen haben.

Blockierte Fähigkeiten

Es gibt Anzeichen dafür, daß kompetente Frauen ihre Fähigkeiten nicht zur Geltung bringen. Bei meiner Arbeit habe ich oft erlebt, daß erfolgreiche – oder sagen wir besser: tüchtige – Frauen ihrem eigenen Erfolg im Weg standen, weil man sie zum Beispiel mit einem ungeeigneten Mitarbeiter zusammengespannt hat oder sie mit etwas anderem belastete, das ihnen viel Kraft und Energie abforderte. Frauen finden sich allzu oft und allzu lange damit ab, mit Menschen umgeben zu sein, die ihnen ein hohes Maß an Energie abverlangen. So können sie ihre Fähigkeiten nicht voll zur Entfaltung bringen.

Unter den vielen tüchtigen und energischen Frauen, die mir begegnet sind, gibt es einige, die hart an ihrer Karriere gearbeitet haben. Sie haben sich aus dem Urlaub holen lassen, um dieses oder jenes in Ordnung zu bringen, und manchen Sonntagseinsatz geleistet, nur damit alles glatt und ohne viel Aufhebens über die Bühne ging. Zu meiner Verblüffung stellte sich heraus, daß diese Frauen, wenn sie schließlich in eine leitende Stellung aufrückten, sogar im Urlaub arbeiteten, ständig ein schlechtes Gewissen hatten und sich dafür entschuldigten, daß die Mitarbeiter arbeiten mußten. Allzu große Rücksichtnahme auf andere gehört ebenfalls zu den Gründen, die die Entfaltung der eigenen Fähigkeiten blockieren.

Unter Ärztinnen und Chefärztinnen ist es ganz und gar

nicht ungewöhnlich, daß sie sich mit Mitarbeitern abfinden müssen, die in eben dieser Konstellation fehl am Platze sind, mit Personen, die für andere Aufgaben geeignet wären, aber einfach nicht wegzuloben sind. Dies kann sowohl für weibliche als auch für männliche Mitarbeiter gelten, die nicht mit einer Frau als Chefin klarkommen. Die Frauen bemühen sich, das Problem in den Griff zu bekommen und damit umzugehen. Selbst werden sie oft versetzt, wenn Männer nicht mit ihnen zurechtkommen – aber Frauen versetzen keine Männer.

Es gibt eine Redensart, die lautet: «Entweder bist du zu Hause der Chef oder am Arbeitsplatz» und umgekehrt. So gesehen erstaunt es mich immer wieder, daß sich so viele begabte Frauen bei der Wahl ihrer Ehemänner so unbegabt anstellen. Dies hat möglicherweise mit der bereits angesprochenen «Außenseiterrolle» zu tun. Die Frau hat die Schule mit einem phantastischen Zeugnis verlassen, ihr Universitätsexamen mit ebenso guten Noten abgelegt – und dann trifft sie bei der Wahl des Ehemannes voll daneben. Sie läßt ihren Mutter- und Beschützerinstinkten freien Lauf, greift ihrem Auserwählten immer wieder zwanghaft unter die Arme – und blockiert damit ihre eigenen Fähigkeiten.

Gar nicht so selten erlebt man, daß Frauen in anspruchsvollen Positionen ihre Kinder verhätscheln. Auch dies ist eine Möglichkeit, den eigenen Fähigkeiten Fesseln anzulegen. Kinder werden verwöhnt, weil die Frau, die

Mutter ein schlechtes Gewissen hat, das sie ausnützen können. Statt dessen sollten die Kinder stolz auf ihre erfolgreiche Mutter sein. Es gibt Mütter mit großartigen Fähigkeiten auf anderen Gebieten, die ihren fünfundzwanzigjährigen Söhnen noch immer die Wäsche waschen. Sie geben es dann mit einem verlegenen Lachen zu, denn sie wissen sehr gut, daß das wohl nicht eben richtig ist. Aber sie denken: «Ich mach's ja bloß für meinen Sohn ein bißchen leichter» – und schaden damit sich selbst und ihm.

Die Spielchen in den Führungsgremien

Frauen sind unglücklicherweise nur selten in Führungsgremien zu finden – diese sind weitgehend der Männerwelt vorbehalten. Eine einzelne Frau in einem Führungsteam hat es oft schwer. Der Kommentar der leitenden Betriebswirtin eines Großunternehmens, in deren Verantwortung die gesamte Finanzverwaltung fiel, macht das besonders anschaulich. «Ich hatte nicht vorausgesehen, wie sehr es mich gefühlsmäßig belasten würde, mich in hochrangig besetzten Konferenzen Tag für Tag von neuem als Frau behaupten zu müssen. Denn das, was ich als Frau sage, hat niemals das gleiche Gewicht oder die gleiche Bedeutung wie die Wortmeldungen der Männer – obwohl ich als Frau in der Regel die meisten Sachargumente vorbringe.»

Ich finde es, offen gesagt, schlimm, daß eine Frau, die die gesamte wirtschaftliche Verantwortung für ein Unternehmen trägt, solche Erfahrungen machen muß.

Männer in Führungsgremien sitzen nicht nur auf ihrem Sessel, um zu planen, Teamarbeit zu leisten oder Entscheidungen zu treffen. Nach einem tieferen psychologischen Ratschluß sind sie auch dazu da, sich mit dem Direktor zu unterhalten, sich von ihm bestätigen und auf die Schultern klopfen zu lassen. Männer suchen immer einen Papa, und in diesem Fall ist es eben der Herr Direktor, der den Buben sagt, was sie gut und was sie schlecht gemacht haben. Frauen in solchen Gruppen stören das eingefahrene Ritual – und dies ist einer der Gründe dafür, daß es in unseren Führungsgremien so wenig Frauen gibt.

Es kommt darauf an, sich dieses Spiels bewußt zu sein – sowie der Tatsache, daß es durch die Präsenz von Frauen aufgedeckt wird. Für Männer sind meiner Ansicht nach diese Fragen von existentieller Bedeutung: «Wer bin ich im Verhältnis zum Vater, zum Unternehmen? Wer bin ich im Verhältnis zu den anderen Männern in der Führungsetage?» Frauen, die dieses Verhalten durchschauen, verlieren ihre Illusionen. Anfangs glauben sie, in Führungsgremien ginge es einzig und allein um die Sache. Doch dann geht ihnen auf, daß sie sich mit dem psychologisch bedingten Widerstand der Männer auseinanderzusetzen haben.

Frauen müssen Widerstand erkennen – und kämpferisch für die eigene Sache eintreten. Aber sie haben große, ja beinahe existentielle Angst vor ihrer beruflichen Position. Diese Angst jedoch lähmt und blockiert.

Widerstand erkennen heißt, sich selbst dazu anzuhalten, den Lauf der Dinge zu beobachten und der eigenen Wahrnehmung zu vertrauen. Doch haben Frauen erst einmal die oberen Führungsetagen erreicht, so sagen sie: «Ich traue meinen Augen nicht. Dieses Gremium ist doch das wichtigste Organ des gesamten Unternehmens. Hier sollten doch eigentlich die maßgeblichen Entscheidungen getroffen werden.» Doch mit ihrem Schulbuchwissen hat diese Situation nichts mehr zu tun – hier spielt sich die Wirklichkeit ab. Und deshalb müssen die Frauen genau darauf achten, was geschieht, müssen beobachten, die zugrundeliegenden Verhaltensmuster erkennen und sie durchschauen, um sie letztlich aufbrechen zu können.

Dabei müssen sie sich vor Augen halten, daß sie ein kollektives Verhaltensmuster aufbrechen und damit ein althergebrachtes, tief verwurzeltes System durcheinanderbringen. Daß sie sich mit Strukturen herumschlagen, die nicht leicht zu ändern sind. Niemand hat sie vor der Trägheit solcher Systeme und deren Widerstand gegen Veränderung gewarnt. Man hat ihnen nur beigebracht, daß frau mit Fleiß und Lernbereitschaft im Leben weit kommen kann. Welche Angst das «andere» und der Wunsch nach Veränderung eingefahrener, eingeübter Verhaltensweisen erzeugt – bei denen, die sich verändern sollen, und bei denen, die die Veränderung ins System tragen –, erfahren alle Beteiligten erst, wenn diese Situation eintritt.

Eine Chefin beschrieb das so: «Woher kommt das, daß meine Batterien sich so schnell entladen? Wieso mißlingen mir plötzlich Dinge, die ich eigentlich gut beherrsche? Ich kann ja nicht einmal mehr das Alphabet zu Ende sagen.»

Die Frau ist erschöpft, ihre Energie aufgezehrt. Aus Furcht, die Frauen könnten ihr System durcheinanderbringen, mobilisiert die andere Seite – die Männer – ihre

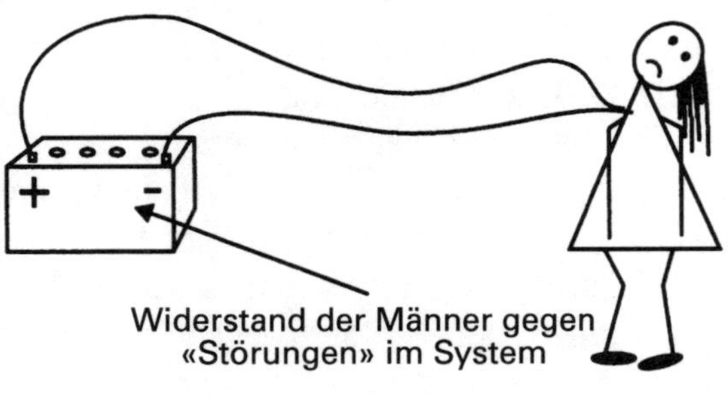

Wenn Frauen das althergebrachte System durcheinanderbringen, mobilisiert sich der Widerstand der Männer. Statt sich mit der Sache auseinanderzusetzen, konzentrieren sie sich und ihren Widerstand auf die Person und entwaffnen so die Frauen. Die Batterien entladen sich.

Widerstandskräfte. Wie dieses energieverzehrende System funktioniert, hat die norwegische Professorin Berit Ås in ihrer Darstellung der fünf Machttechniken (s. S. 104) anschaulich beschrieben. Der Widerstand äußert sich oft in einer einseitigen Kritik an der Person und weniger an der Sache, und zwar in einer Art und Weise, die frau alles andere vergessen läßt. Ein gutes Beispiel dafür ist die folgende Geschichte aus dem Wahlkampf 1994. Eine Politikerin in Västernorrland sagte in einem Rundfunkinterview, sie glaube nicht, daß Ingvar Carlsson jene Fragen aufgreife, die die Frauen interessierten, und daß sie im Wahlkampf folglich nicht zur Sprache kämen. Carlsson antwortete, ebenfalls im Rundfunk, er könne absolut nicht verstehen, was sie meine. Und im übrigen glaube er, daß «sie nach Hause gehen und darüber nachdenken solle, ob ihr Mann ihr genügend bei der Hausarbeit helfe».

Vom Umgang mit der Angst

Es ist erlaubt, anders zu sein. Es ist okay, sich kämpferisch für seine Sache einzusetzen – doch ebenso ist es in Ordnung nachzugeben. Es kommt darauf an, den Widerstand zu identifizieren und sich nicht unnötigerweise den Kopf blutig zu stoßen. Aber viel zu viele Frauen – auch solche in Führungspositionen – wagen es nicht, den Kampf überhaupt erst einmal aufzunehmen und Forderungen zu stellen. Manchmal erkennen sie einfach nicht deutlich genug, was für eine gute Organisation erforderlich ist.

Dieser Mangel an Durchblick hat mit den Entscheidungskriterien für die Auswahl von Führungspersonal nicht das geringste zu tun. Sind es Chefs, die gut sind für die Organisation, oder haben sie die Einstellung, daß alles ruhig bleiben und sich nichts verändern soll? Handelt es sich um eine Organisation oder einen Betrieb, in dem es angeblich hoch hergeht, wo sich im Grunde aber niemand für wirkliche Veränderungen interessiert? Hat die Organisation Führungskräfte, die offen sind für Veränderungen, Konfliktlösungen und das gemeinsame Streben nach Weiterentwicklung? Erstaunlicherweise begegnet man immer wieder Führungskräften, die sich einbilden, es gebe einen Fortschritt ohne Konflikte.

Der Durchblick – oder der Mangel daran – betrifft auch den Umgang mit Wut und Zorn. Frauen müssen lernen, daß es einen Unterschied gibt zwischen privatem Zorn und «dienstlichem Zorn». Frauen fällt es schwer, diesen Unterschied zu beachten. Frauen, die sich zu diesem dienstlichen Zorn nicht zu bekennen wagen, werden leicht für generell rasch aufbrausende Personen gehalten.

Wer sich kämpferisch für seine Sache einsetzt, tut dies in Erkenntnis der äußeren und inneren Gegebenheiten und dessen, was er oder sie selbst für wahr und richtig hält. Das heißt, daß wir uns einen distanzierten Blick auf die Organisation bewahren müssen.

Der hier erwähnte Zorn oder «dienstliche Zorn» kann mit der Angst oder dem Kampf um die Wahrung des «eigenen Ichs» verbunden sein, das heißt der inneren Auseinandersetzung zwischen dem Mädchen und der erwachsenen Frau. Wenn die Chefin innerlich mit diesem psychischen Zwiespalt behaftet ist, der sie Schuldgefühle empfinden läßt, so ruft dies ein Bedürfnis nach Selbstbeherrschung und eine Angst hervor, die ihrerseits ein Verstummen zur Folge haben. Wer für seine Sache streiten will, muß also auch mit seinen Ängsten umgehen können.

In der Angst liegt eine gewisse Polarität – ein Pendel, das hin- und herschwingt zwischen Überperfektion und Versagensängsten, zwischen der Befürchtung, den Ansprüchen am Arbeitsplatz nicht gerecht zu werden, und dem Eindruck, weit mehr zu tun, als eigentlich nötig ist. Eine Polarität ergibt sich auch aus Mißerfolg und zu großem Erfolg sowie der Angst vor Abhängigkeit auf der einen Seite und zu starker Unabhängigkeit auf der anderen – einer Unabhängigkeit, die dazu führen könnte, daß frau die Zuneigung und Liebe ihrer Mitmenschen – der Männer – verliert.

Es ist ein langer, mühsamer Prozeß, durch den Frauen lernen, mit ihren Ängsten umzugehen – Ängste, die sich darauf beziehen können, nicht auf dem laufenden zu sein, keine Ansprüche stellen zu dürfen oder ungeliebt zu sein.

Bei Frauen, die sich diesem Prozeß unterzogen haben und mit ihren Ängsten umzugehen wissen, beobachte ich oft die Freisetzung enormer Kräfte. Sind sie von ihrer Angst befreit, entwickeln sie eine selbstverständliche Autorität. Sie verlieren das unangenehme Gefühl, dauernd herumschreien und mit Gegenständen um sich werfen zu müssen, um Gehör zu finden.

Der finnische Schriftsteller Henry Parland sagt in einem Gedicht: «Ein wenig kühler Gleichmut fehlt in deiner Liebe.» In dem Gedicht geht es um eine Mutter, die ihre Kinder sehr liebt und nicht versteht, warum diese Liebe nicht in gleichem Umfang erwidert wird. Das Wagnis auf sich zu nehmen, für seine eigene Sache einzutreten, erfordert auch eine Spur Gleichmut. Darin liegt etwas, worüber wir schon gesprochen haben: Frau hat ihre eigene innere Wahrheit erkannt und wagt es, ganz sie selbst zu sein.

Frauen kämpfen so gerne darum, recht zu haben, daß sie am Ende nicht recht bekommen. Wer darum kämpft, recht zu haben – also nicht darum, recht zu bekommen, zeigt damit, daß ihm jene Spur von Gleichmut fehlt. Der Kampf darum, recht zu bekommen, wenn klar ist, daß frau recht hat, ist eng mit dem Glauben an die eigene Stärke verbunden. Bekommt frau letztlich aber doch nicht recht, können sich das oben geschilderte Ambivalenzgefühl, ein innerer Widerstand und Angst einstellen. Frau muß sich eingestehen können: «Ich habe zwar recht, bekomme aber kein Recht.» Wer seine Kräfte schonen will, muß nachgeben können.

Die Sozialwissenschaftlerin Karin Crafoord hat zum Thema kämpferischer Einsatz vier Punkte formuliert:

- Der kämpferische Einsatz für die eigene Sache ist eng mit der eigenen Selbsteinschätzung verbunden. Sagt mir zum Beispiel meine Selbsteinschätzung, daß es in dieser oder jener Situation angebracht ist, Führungsstärke zu zeigen?
- Es gibt eine Angst vor der Gewalt in der eigenen Stärke. Sie kann so groß werden, daß man sich mitunter nicht traut, seinen Gefühlen freien Lauf zu lassen und wütend zu werden, obwohl es eigentlich am Platz wäre.
- Es gibt auch die Befürchtung, die eigenen Worte – ausgerechnet das Verbale, das ja eine besondere Stärke der Frau ist – reichten nicht aus, um sich durchzusetzen.
- Viele Frauen fragen sich, ob sie aufstehen, für ihre eigene Sache kämpfen und dabei gleichzeitig als Frau attraktiv bleiben können. Verliere ich als starke, streitbare Frau meine Anziehungskraft?

Karin Crafoord betont den Zusammenhang zwischen kämpferischem Einsatz für die eigene Sache und der Angst vor möglichen Folgen. In Situationen, in denen sie recht haben, aber nicht recht bekommen, müssen Frauen einsehen, daß es Dinge gibt, die einfach nicht zu ändern sind. Das kann daran liegen, daß der Betrieb oder die Organisation, in der frau tätig ist, Ruhe und Frieden und ja keine Veränderung wünscht. Besser ist es dann, frau versucht, das Spiel zu durchschauen und hinter die Kulissen zu sehen, statt weiterzukämpfen. So fällt es ihr leichter, sich zu sagen: «Okay. Es geht nicht. Diese Idee ist es nicht wert, daß ich mir ihretwegen den Schädel einrenne.» Da gibt frau lieber nach, ohne zynisch zu werden.

Die Auswertung einer zweijährigen Projektstudie zur Fortbildung weiblicher Führungskräfte bestätigte mir, daß Angst eine große Rolle spielt. Die Teilnehmerinnen waren zwischen fünfunddreißig und sechzig Jahre alt. Nach Abschluß des Projekts begannen sie, unter veränderten Vorzeichen zu arbeiten. Sie mußten aufschreiben, was sie getan und was sie erreicht hatten. Unabhängig voneinander zog sich wie ein roter Faden durch all ihre Ausführungen der Schluß, daß sie sich Stärke, Ausdrucksfähigkeit und Selbstrespekt verschaffen mußten, um ihre Ängste zu besiegen. Niemand sollte diese fähigen Frauen für Angsthasen halten.

Zu den Ängsten der Frauen gehört auch die Befürchtung, die eigenen Fähigkeiten könnten zu Liebesentzug führen und damit eine ihrer Lebensgrundlagen zerstören. Deshalb neigen Frauen dazu, ihre Untergebenen nur anzuleiten, wenn eigentlich deutliche Führungskraft verlangt wäre. Wer an der Spitze steht und sagt: «Folgt mir! Kommt mit!», verlangt im Grund immer auch eine Art Bestätigung seitens der Geführten. Doch Frauen, die etwas verändern wollen, müssen auch kühl fordernde Chefinnen sein können.

In guten Zeiten, wenn Geld und Ressourcen reichlich vorhanden sind, treten in Betrieben und Organisationen normalerweise nur die üblichen kleinen Konflikte auf, die sich mit den herkömmlichen weiblichen Führungsqualitäten ganz gut lösen lassen. Doch Frauen müssen auch in schwereren Zeiten mit Veränderungen, Herabsetzungen und verstärkter Konkurrenz Führungspositionen bekleiden können.

Eine Frau nimmt den Kampf auf

Natürlich gibt es schon einige – wenn auch nach wie vor zu wenige – Beispiele dafür, daß Frauen die Auseinandersetzung nicht scheuen. Eines davon, das in mancher Hinsicht sogar typisch sein mag und enorme Durchsetzungskraft erforderte, möchte ich im folgenden schildern.

Eine Zahnärztin in einer Kleinstadt hatte zehn Jahre lang an einer Klinik gearbeitet, als der Posten des Chefarztes frei wurde. Die Ärztin hatte ihren Chef während dessen Erkrankung schon ein Jahr lang vertreten, und in dieser Zeit als Stellvertreterin lernte ich sie zufällig kennen.

Sie hatte die Stelle mit großer Begeisterung angetreten und beschlossen, sich um all das zu kümmern, was unter dem alten, inzwischen erkrankten Chef liegengeblieben war. Sie begann damit – typisch Frau –, die Konflikte ans Tageslicht zu bringen und aufzuräumen. Es wurde ein sehr schweres, aber, wie sie glaubte, auch sehr gutes Jahr.

Dann wurde die Position als feste Stelle neu ausgeschrieben. Die Zahnärztin und ihre Mitarbeiter waren sich ganz sicher, daß sie die erste Wahl war. Es war fast schon selbstverständlich, und sie wurde auch zum Einstellungsgespräch in die Provinzialverwaltung bestellt. Dort hatte sie allerdings den Eindruck, daß man ihr vorwarf, während des Vertretungsjahres etwas falsch gemacht zu haben, und erkundigte sich danach. Nein, hieß es, davon könne keine Rede sein. Alles sei vollkommen in Ordnung.

Zu den Mitbewerbern um die Stelle gehörte auch ein gleichaltriger Mann mit der gleichen Ausbildung. Er hatte in einer anderen Klinik den Chef vertreten, und zwar etwas länger als ein Jahr. Dieser Mann, der von auswärts kam, wurde dann vom Personalchef vorgezogen. Als die Zahnärztin bei der Provinzialverwaltung anrief und eine Erklärung verlangte, hieß es: «Er sah älter aus.» Außerdem sei es gut, wenn jemand von auswärts frisches Blut in den Betrieb brächte.

Die Zahnärztin wandte sich an die Gleichstellungsbehörde JÄMO, die die Voraussetzungen von Kandidat und Kandidatin eingehend überprüfte. Dabei stellte sich heraus, daß der Mann nicht seiner Leistungen wegen den Vorzug bekam, sondern einzig und allein deshalb, weil er ein Mann war und von außerhalb kam. Zudem kam heraus, daß er nicht die Fähigkeit besaß, Probleme anzupacken und zu lösen.

Die Zahnärztin hatte den Mut, gegen das, was sie als Ungerechtigkeit empfand, zu protestieren. Sie wurde dabei von den Einwohnerinnen der Stadt unterstützt, die sogar für sie auf die Straße gingen. Es war eine anstrengende Zeit mit unbequemen Interviews in den Massenmedien. Aber die Frau hielt durch. Die Affäre endete damit, daß die Politiker den Vorschlag der Provinzialverwaltung nicht akzeptierten. Die Zahnärztin ging aus der Auseinandersetzung als Siegerin hervor.

Eine Analyse des Falles zeigt, daß die Zahnärztin zwar eine tüchtige Person war, die Mitarbeiter sich aber nicht getraut hatten, sie zu unterstützen. Sie hatte als Stellvertreterin in der Klinik für Ordnung gesorgt – ein Vorhaben, das für Frauen, die in der Mädchenrolle steckengeblieben sind, schwer nachvollziehbar war. In ihrer Umgebung gab es keine Vorbilder, die gezeigt hätten, wie eine Frau als Chefin agieren soll. Die Provinzialverwaltung erwies sich als erschreckend unwissend in Gleichstellungsfragen, und der Gewerkschaftsrat zeigte, daß er nicht imstande war, einen Gleichstellungskonflikt zwischen zwei Personen der gleichen Fachrichtung zu lösen.

Hier haben wir also den Fall einer Frau, die es gewagt

hat, den Fehdehandschuh aufzunehmen. Sie setzte sich durch und bekam die Stelle. Oft trauen sich Frauen eine solche Auseinandersetzung nicht zu – und die, die sich darauf einlassen, haben oft noch jahrelang daran zu kauen. Die Zahnärztin, von der hier die Rede war, wurde indessen nach «geschlagener Schlacht» von bekannten und unbekannten Frauen mit Glückwünschen überhäuft.

Unter den Teppich schauen

Der Fall der Zahnärztin ist auch in anderer Hinsicht aufschlußreich. Als Stellvertreterin des Klinikchefs wagte sie es, Problemen nachzuspüren, die bislang unter den Teppich gekehrt worden waren. Sie sorgte für notwendige Veränderungen und löste schwelende Konflikte, mit denen jahrelang niemand umzugehen wußte.

Ihre Vorgehensweise war typisch weiblich: Sie arbeitete systemimmanent. Eine gute interne Zusammenarbeit setzt voraus, daß man bestehende Konflikte in den Griff bekommt. Zur guten Teamarbeit gehört, daß man stets mit Konflikten rechnen muß, die sich – manchmal durchaus konstruktiv – auf die Arbeit auswirken. Umgekehrt zeugt es von schlechter Teamarbeit, wenn Konflikte ständig unter den Teppich gekehrt werden. Unbewältigte Konflikte behindern die Zusammenarbeit im Betrieb. Interessant an dieser Geschichte ist außerdem, daß Kolleginnen, die anfangs nicht auf der Seite der Zahnärztin standen, später zu ihr kamen, sich entschuldigten und ihr volle Unterstützung zusagten.

Nicht selten wird behauptet, daß mit den Frauen die Konflikte erst richtig anfangen. In Wirklichkeit sollten Frauen stolz darauf sein, daß sie so oft den Mut haben, ungelöste Konflikte aufzudecken und zu lösen, auch wenn das zur Folge haben kann, daß sie bei der Postenvergabe mitunter den kürzeren ziehen.

Der Geschlechterdialog

Will man unter Männern und Frauen im Berufsleben Vorbehalte, Unarten und Einseitigkeiten überwinden, so braucht man einen Dialog, einen Dialog zwischen den Geschlechtern. Wir müssen uns am Arbeitsplatz darüber unterhalten, was es bedeutet, Mann bzw. Frau zu sein, und wie dies unser Verhalten beeinflußt. Ohne einen solchen Dialog werden wir nie weiterkommen.

Frauen denken heutzutage, die Verantwortung für diesen Dialog obliege ihnen allein. Es ist so schwer, für alles und jedes eine Rechtfertigung haben zu müssen. Im Grunde sollte es eine Selbstverständlichkeit sein, das mangelnde Wissen über uns selbst, die Unterschiede zwischen Männern und Frauen aufzugreifen und zu diskutieren. Das ist Voraussetzung, wenn sich etwas ändern soll!

In einem Unternehmen, das noch nie etwas für Frauen getan hatte, beschloß man ein Programm mit dem Ziel, fünfzehn Frauen zu finden, die allmählich in leitende Positionen aufrücken sollten.

Fünfzehn Frauen im Alter zwischen dreißig und fünfunddreißig Jahren, alle hochbegabt, wurden für diesen Karrieresprung ausgewählt. Sie hatten bis dahin in dem

Glauben gearbeitet, daß es am Arbeitsplatz keinen Unterschied zwischen Frauen und Männern gebe. Es genüge, tüchtig zu sein – alles andere käme dann von ganz allein.

Die Reaktionen dieser fünfzehn jungen Frauen, die eine Chance bekamen, sind interessant. Sie sagten: «Wie kommt es, daß man im Berufsleben nicht mehr über geschlechtsspezifische Fragen spricht? Daß Männer und Frauen nicht mehr vernünftig miteinander reden? Da fehlt einfach der Dialog.»

Ihnen war plötzlich ein Licht aufgegangen. Sie sahen, wie der Mangel an Zusammenarbeit, an Bewußtsein und an dem Willen, die Ungleichheiten zu erkennen, die Effizienz der Arbeit beeinträchtigte – und zwar sowohl bei Männern als auch bei Frauen. Ihre Bemerkungen zeugen von gesundem Menschenverstand.

Warum ist noch kein ernstzunehmender Geschlechterdialog zustande gekommen? Wenn ich es böse formulieren will, so liegt das an der Selbstgefälligkeit der Männer. Die Männer reden, als seien sie der Nabel der Welt. Der Geschlechterdialog rüttelt am männlichen Selbstverständnis.

Das Wesentliche an dem derzeitigen Förderungsprojekt, in dem Frauenkarrieren von Männern gefördert werden, besteht darin, daß die Förderer des Projekts zum Dialog mit jenen Frauen gezwungen sind, die bereits eine klare Vorstellung einer weiblichen Karriere entwickelt haben.

Die Männer, die ihre Aufgabe wirklich ernst nehmen, sagen, daß sie jetzt langsam begreifen, wie Frauen die Dinge sehen. Ihre Perspektive hat sich geändert. Für sie stellt der Geschlechterdialog keine Bedrohung dar.

Daß der Geschlechterdialog nicht so recht in Gang kommen will, hängt auch damit zusammen, daß es eine psychische Abhängigkeit zwischen Männern und Frauen gibt. Der Weg von der Abhängigkeit zur Unabhängigkeit führt über den Austausch der Gegenpositionen, und zu diesem gehört die Konfrontation – eine Konfrontation der Gegenpositionen. Das heißt, daß man diskutiert, argumentiert und sogar streitet. Zu dieser Konfrontation hat man es in Schweden niemals kommen lassen. Das Gleichstellungsgesetz trat 1980 in Kraft – und von da an bildeten wir uns ein, wir seien nun alle gleichberechtigt.

Wir glaubten, durch die Verabschiedung von Gesetzen, den Bau von Kindertagesstätten und die Einführung der Rentenversicherung den Schritt von der Abhängigkeit in die Unabhängigkeit vollziehen zu können. Alle möglichen

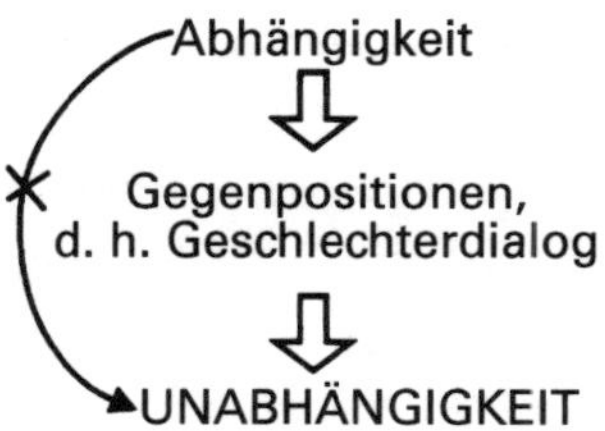

Es gibt keinen direkten Weg von der Abhängigkeit zur Unabhängigkeit. Man muß sich auf eine Konfrontation einlassen – einen Austausch der Gegenpositionen.

technischen Lösungen wurden ausprobiert. Aber ein Gespräch darüber, wie die Zusammenarbeit zwischen Männern und Frauen aussehen sollte, blieb aus. In den Familien fand der Dialog vielleicht – notgedrungen – statt, doch am Arbeitsplatz haben Frauen und Männer die Konfrontation und damit auch das Gespräch gescheut. Anstelle eines Dialogs stehen für die Frauen noch immer Verteidigung und Rechtfertigung.

In den Seminaren für weibliche Führungskräfte, die ich in letzter Zeit abgehalten habe, brachte ich daher stets das Thema Geschlechterdialog zur Sprache und achtete auf die Reaktionen der Teilnehmerinnen. Am häufigsten zeigten sich die Frauen erstaunt darüber, wie primitiv und rückständig Männer in der Geschlechterfrage argumentieren. Dumme Argumente verhindern eine ebenbürtige Diskussion und können leicht entmutigen. Wozu noch reden, wenn frau dabei in solche Abgründe schaut, die unüberwindbar scheinen?

Männer scheinen beim Geschlechterdialog anstelle von Sachargumenten oft den direkten persönlichen Angriff auf die Frau vorzuziehen bzw. die Abwertung ihrer Person oder von Frauen allgemein. Das macht es Frauen schwer, sich zu verteidigen. Das ist, anders gesagt, ein Schlag unter die Gürtellinie. Der Geschlechterdialog erweist sich oft als emotionsgeladen, da starke Gefühle mit hereinspielen. Männer behaupten ja gerne, Frauen seien zu emotional. Im Dialog der Geschlechter sind es aber die Männer, die so emotional reagieren, daß es schwierig ist, das Gespräch auf sachlicher Ebene zu halten.

Nach meiner Meinung wird sich leider nichts ändern, und es wird niemals zu einer guten Zusammenarbeit zwischen Männern und Frauen kommen, wenn sich frau im Geschlechterdialog nicht auf Konfrontationskurs begibt. Und: Soll es zu einer guten Zusammenarbeit zwischen Mann und Frau kommen, so können die Frauen die Verantwortung dafür nicht alleine übernehmen.

Neinsagen und Grenzen ziehen

Das weibliche Kommunikationsprinzip besteht darin, alle mit einzubeziehen. Es ist ein gutes Prinzip. Doch ein Beschluß, mit dem alle einverstanden sind, ist, wie schon gesagt, ein feiger Beschluß. Mut zum Neinsagen und zur Abgrenzung aufzubringen bedeutet, daß man eben nicht mehr alle und jeden mit einbezieht und von daher auch nicht mit jedermanns Zustimmung rechnen kann. Frauen müssen ihre Fähigkeit zum Dialog mit der Fähigkeit, Grenzen zu ziehen, verbinden.

Eine weibliche Führungskraft muß unmißverständlich deutlich machen, welche Entscheidung sie getroffen hat. Sie kann zuhören – das ist ohnehin ihre Stärke –, und sie kann sich beeinflussen lassen, doch die Entscheidung als solche muß sie selber treffen und klarmachen, worauf sich diese im einzelnen bezieht. Ein vorausgehender Dialog erhöht nämlich unter den Mitarbeitern die Erwartung, daß die Entscheidung der Chefin in ihrem Sinne ausfallen wird. «Sie hat mich doch gerade gefragt. Und nun hält sie sich nicht an meinen Vorschlag.»

Daß es Frauen schwerfällt, nein zu sagen und Grenzen zu ziehen, hängt, wie schon mehrfach angesprochen, mit ihrer Furcht zusammen, als zu dominierend zu gelten. Diese Furcht resultiert zum Teil daraus, daß Frauen schon viel zuviel männliche Dominanz erlebt und keine Lust haben, den Männern in dieser Beziehung nachzueifern. Ein Berater bemerkte sehr zutreffend über die weibliche Furcht vor Dominanz: «Nach mehrjähriger Beratungstätigkeit erkannte ich etwas, wovon ich vorher keine Ahnung hatte. Die weibliche Angst davor, als dominierend zu gelten, äußert sich darin, daß Frauen sich – selbst wenn sie sich einer Sache hundertprozentig sicher sind – immer so ausdrücken, als seien sie sich bloß zu fünfundfünfzig Prozent sicher. Bei Männer ist es genau umgekehrt: Sind sie sich einer Sache zu fünfundfünfzig Prozent sicher, so klingt es, als seien sie hundertprozentig davon überzeugt.»

Manchmal muß man nein sagen können. Frauen müssen zum Beispiel lernen, berufliche «Himmelfahrtskommandos» abzulehnen. Viele Frauen schaffen das nicht. Einzig und allein, um im Spiel zu bleiben, sagen sie zu. Es gehört allerdings viel Durchblick dazu, um zu erkennen, daß eine Aufgabe von vornherein unlösbar ist. In solchen Fällen muß frau dann eben die Courage haben zu sagen: «Nein danke, dieser Auftrag ist undurchführbar.»

Hinderlich ist, daß «Mutter» niemals nein sagt. Die Fähigkeit, nein sagen und Grenzen ziehen zu können, liegt im Widerstreit mit dem «Mutter-» oder «Tochterverhalten». Nein sagen und Grenzen ziehen heißt auch, daß frau nein sagt zur Mutter oder Tochter in sich. Sie muß sich von dem Zwang befreien, immer nur tüchtig und möglichst bei allen beliebt sein zu wollen – so wie man es ihr immer eingeredet hat.

In ihrer Persönlichkeit vereinigt die Frau alle guten Eigenschaften der Tochter, der Mutter und des Mannes. Das allein genügt jedoch nicht. Zum Frausein gehört auch, daß frau nicht von außen gesteuert wird und nicht dauernd Bestätigung suchen muß. Erst dann ist sie imstande, nein zu sagen und Grenzen zu ziehen.

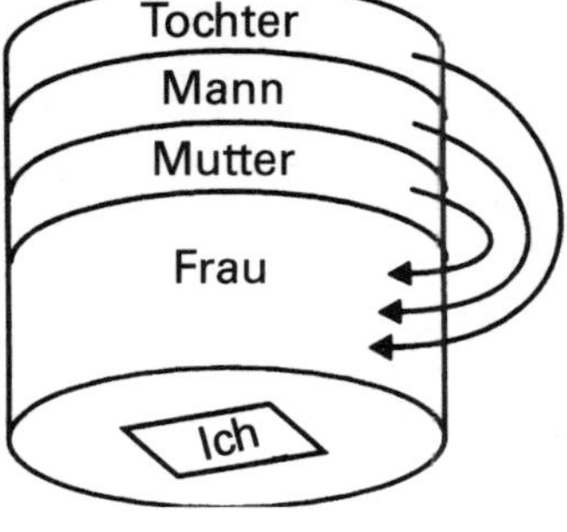

Die Frau, die in ihrer Person alle guten Eigenschaften der Tochter, der Mutter und des Mannes integriert und darüber hinaus gelernt hat, nein zu sagen und Grenzen zu ziehen, hat ihr eigenes Ich gefunden.

Die Macht liegt auf einer Insel

Das vorliegende Buch trägt den Titel *Ich bin der Boß.* Darin drückt sich der Wunsch aus, die Machtperspektive zu verschieben. Männer besitzen heutzutage als Gruppe Macht. Sie haben nichts gegen berufstätige Frauen, sofern nur die betrieblichen Über- und Unterordnungsprinzipien nicht durcheinandergebracht werden. Die Frauen dürfen tun, was sie wollen – vorausgesetzt, sie bringen das Gleichgewicht der Macht nicht in Gefahr. Gerd Lindgren hat dies in ihren Forschungen nachgewiesen. Unter dem Strich kommt dabei heraus, daß Frauen in die Rolle des Maskottchens oder der Mutter schlüpfen. Weder das eine noch das andere gibt ihnen Macht.

Daß Frauen für sich selbst definieren müssen, wer sie sind und was es bedeutet, Frau zu sein, zieht sich ebenfalls wie ein roter Faden durch dieses Buch. Diese – notwendige Selbsterkenntnis – ist ein Schritt auf dem Weg zur Macht. Aber in einer im Umbruch befindlichen Gesellschaft, in der das weibliche Macht- und Führungspotential allmählich erkennbar wird und zum Tragen kommt, muß frau mit Widerstand rechnen. Und um diesem Widerstand gegenübertreten zu können, muß sie wissen, was ihr persönlich der Begriff Macht bedeutet.

Eine Definition, auf die ich immer wieder zurückkomme, ist folgende: Macht bedeutet Zugang zu Ressourcen, die anderen fehlen und aus denen etwas Brauchbares entstehen kann. Eine dieser Ressourcen heißt «Ich selbst», wenn ich damit etwas Gutes für den Betrieb oder die Organisation bewirken kann – etwas, das ein sichtbares Ergebnis zeitigt. Das ist Macht. So einfach ist das – und doch fällt Frauen der Umgang mit der Macht so schwer!

Frau muß jedoch zwischen persönlicher und struktureller Macht unterscheiden. Persönliche Macht erfordert stets die Anerkennung jener, die sie verliehen haben. Da es überwiegend Männer sind, die die Macht besitzen, werden Machtpositionen fast immer Männern übertragen. Wenn man Männer darüber hinaus definieren läßt, was Weiblichkeit ist, hält man Frauen faktisch von der Macht fern.

Frauen, die nach Führungspositionen streben, müssen daher darauf achten, daß sie auch strukturelle Macht erwerben, also eine Macht, die «kraft Amtes» von oben ausgeübt werden kann. Sie müssen die Bedeutung *legitimierter* Macht erkennen.

Für Männer ist Macht gewöhnlich gleichbedeutend mit Macht über andere. Für Frauen bedeutet sie dagegen eher die Durchsetzung bestimmter Ziele und die Emanzipation ihrer Mitarbeiter. Was die offene Machtausübung betrifft, so fehlt es den Frauen vielfach noch an Erfahrung. Leider fürchten sie sich vor der Macht – unter anderem, weil sie schon zu viele Beispiele für schlechte und destruktive

Machtausübung gesehen haben, nämlich eigennützige Macht und Machtausübung als Herrschaft über andere.

Männer haben Angst

Weibliche Machtausübung muß nach bestem Wissen und Gewissen der Betreffenden erfolgen. Das ist ein schwieriger Balanceakt. Frauenmacht erweckt in Männern enorme Ängste, oberflächliche ebenso wie tiefsitzende unbewußte.

Die oberflächliche Angst der Männer bezieht sich im wesentlichen auf ihre eigene Bequemlichkeit. Wenn Frauen mehr Macht erhalten, müssen Männer auf viele billige Dienstleistungen und billige Arbeitskraft verzichten, die ihnen aus der Machtlosigkeit der Frauen erwachsen. In den siebziger Jahren hörten die Sekretärinnen auf, Kaffee zu servieren. Jeder soll sich seinen Kaffee selber kochen, hieß die Parole. Wie oft hörte ich in diesem Zusammenhang Männer sagen: «Ja, sollen denn die Frauen *alle* Macht haben?» Diese Reaktion ist oberflächlich. Natürlich ist es bequem, wenn Frauen zur Hand sind, die den Kaffee kochen, das Essen zubereiten und alles auch noch auf den Tisch stellen.

Die zweite Form der Angst sitzt wesentlich tiefer. Macht in Frauenhand erinnert Männer an die Macht, die einst ihre Mütter über sie ausübten und von der sie sich niemals richtig befreien konnten. Männer werden den Frauen freiwillig keine Macht abtreten. Frauen müssen sich deshalb eine eigene Machtbasis schaffen – und zwar in wirtschaftlicher, politischer und gesellschaftlicher Hinsicht; eine Macht, deren Eigenschaften und Erfahrungen von einer ganzheitlichen Sichtweise geprägt sind.

Ein Ja zur Einsamkeit

Ich kann in diesem Kontext nicht umhin, ein Bild zu bringen, dessen ich mich bereits in früheren Büchern bediente. Es ist das Bild von der Insel. Es ist so wichtig, daß ich immer wieder darauf zurückkomme.

Macht heißt, zu akzeptieren, daß man manchmal einsam ist. Die damit einhergehende Isolierung kann Frauen Angst einjagen; sie sind ja so gerne unter ihresgleichen und möchten bestätigt werden. Wenn frau Macht übernimmt, so bedeutet das für sie, das Festland zu verlassen und sich auf eine Insel zu begeben. Entscheidet sie sich dafür, auf der Insel zu bleiben – mit der Vorgabe, dort etwas zu leisten und zu bewirken –, so neigt sie dazu, ihr Inseldasein und die Tatsache, daß sich zwischen ihr und «den anderen» tiefes Wasser befindet, zu leugnen.

«Die anderen» dagegen sehen das Wasser sehr wohl. Sie sehen, daß die Frau sich eine Stellung verschafft hat und daß sie die Energie und Kraft besitzt, etwas daraus zu machen. Aber weil sie sich nicht bedroht fühlen will, neigt die Frau auf der Insel dazu zu sagen: «Zwischen euch und mir besteht kein Unterschied. Ich bin wie ihr.»

Doch steht frau erst einmal auf der Insel, so gibt es durchaus einen Unterschied. Leugnet sie ihn, so fangen über kurz oder lang die anderen – jene, die auf dem Festland stehen und den besagten Unterschied sehr wohl sehen – an, im Wasser herumzuplanschen. Das Wasser gerät in Unruhe, steigt und überspült die Füße der Frau auf der Insel – bis sie eben den Boden unter den Füßen verliert. Die Insel besteht aus Erde, und Frauen brauchen festen Boden unter den Füßen. Doch wenn frau keinen festen Stand hat und nicht für das einsteht, was sie auf der Insel tut – nämlich Macht und Einfluß ausüben –, dann wird ihre Insel unterspült und überschwemmt.

Frauen, die nicht den Mut haben, sich aus der Gruppe zu lösen, die glauben, mit ihren Entscheidungen bei niemandem anecken zu dürfen, und die bei allen beliebt sein wollen, werden keine guten Chefinnen werden. Wir wissen heute, daß auf die Dauer niemand einen Chef haben will, der zwar allseits beliebt, aber ansonsten machtlos ist. Gewünscht sind vielmehr Chefs, die Entschlußfähigkeit und Führungskraft beweisen und gezeigt haben, daß sie die Gruppeninteressen auch nach außen hin vertreten können.

Warum scheuen Frauen so oft vor der Macht zurück? Das hat, wie bereits erwähnt, damit zu tun, daß sie schon so viele destruktive Erscheinungsformen der Macht kennengelernt haben. Sie haben Chefs kennengelernt, die auf den Tisch hauen und sagen: «Ich bin der Chef, und ich habe hier zu bestimmen!» Sie haben die Platzhirsche bei ihren Revierkämpfen erlebt. Sie haben ganz einfach zu viele Beispiele für schlechtes Führungsverhalten vor Augen. Diese Art von Macht wollen Frauen nicht haben. Sie streben nicht nach Macht über andere Menschen, sondern eher nach Herrschaft über sich selbst und nach der Möglichkeit, bestimmte Dinge um ihrer selbst willen zu

Chef(in) zu sein kann Einsamkeit bedeuten, macht aber auch Freude. Der Schritt auf die Insel ist auch ein Schritt auf dem Weg zur persönlichen Reife.

erreichen. Macht bedeutet für Frauen, die richtigen Methoden zum Aufbau eines sowohl für sie selbst als auch für andere angenehmen Berufsumfelds zu definieren und umzusetzen.

Das Inseldasein bedeutet nicht zwangsläufig, daß man gute persönliche Beziehungen verliert und sich nicht mehr mit den Leuten auf dem Festland versteht. Es ist wichtig, auch weiterhin Freunde unter jenen zu haben, von denen man sich durch die Stellung getrennt hat. Was nicht heißen soll, daß man als Chef nun den Kumpel herauskehrt. Kumpelhaftigkeit schafft zu große Nähe, so daß man die Methoden, die man für richtig hält, nicht zur Anwendung bringen kann. Kumpel steigen früher oder später ins Wasser und fragen: «Warum tust du nicht das, was ich will?»

Macht soll die Entfaltung der Menschen fördern, nicht behindern. Deshalb sollten heute mehr Frauen an die Macht. Das größte Problem für die Frau auf der Insel ist nach meiner Erfahrung der Umgang mit der Einsamkeit. Sie sollte daher auf gute Beziehungen zu anderen Menschen mit Inselerfahrungen Wert legen.

Das Inseldasein hat aber auch seine angenehmen Seiten. Dazu gehört vor allem die Freude darüber, etwas bewirken, wirklichen Einfluß auf das Geschehen nehmen zu können. Macht kann Spaß machen! Aber Frauen werden mit der Einsamkeit auf der Insel schwerer fertig als Männer. Frauen werden zur Gleichheit erzogen; sie sollen so sein wie ihre Mutter. Die Frauenemanzipation im neunzehnten Jahrhundert hat sich zum Teil dieses Identifizierungsbedürfnisses wegen verzögert. Die Frauen hielten sich gegenseitig in Schach; keine durfte ungestraft aus der Gemeinschaft ausbrechen. Trotz der neuen Lebensverhältnisse im Gefolge der industriellen Revolution und der großen damit verbundenen Veränderungen blieb frau ihrer Rolle verhaftet. Wer Veränderungen durchsetzen will, darf die historische Perspektive nicht außer acht lassen.

Frauen fällt es schwer, sich abzugrenzen. Nur sehr ichstarke Persönlichkeiten schaffen es, die erforderlichen Grenzen zwischen sich und der Umwelt zu ziehen. Die Umwelt besteht aus Männern und Frauen, die man nicht über einen Kamm scheren kann. Doch der Schritt auf die Insel ist auch ein Schritt auf dem Weg zur persönlichen Reife, zur Selbstfindung und hin zu der Erkenntnis, was es bedeutet, mit der Mädchenrolle endlich zu brechen.

Wenn eine Frau bewiesen hat, daß sie mit der Einsamkeit zurechtkommt – das heißt also, wenn es ihr um die Sache geht und darum, Antworten auf bestimmte Fragen zu finden –, so löst das bei den «Mädchen» gewisse Befürchtungen aus. Sie sehen, daß die Frau sich von der Mädchenrolle emanzipiert, während sie selbst es nicht wagen, sich davon zu befreien. Auf diese Weise kann es zu Mißstimmungen, Neid und Mißtrauen kommen. Frauen, die Macht übernehmen wollen, müssen sich auf diese Möglichkeit einstellen.

Daß Frauen Führungspositionen zwar oft gut, aber mit schwerem Herzen ausfüllen, liegt daran, daß der kräftezehrende Bruch mit dem Rollenbild das Ego existentiell bedroht und bislang unbekannte Gefühle heraufbeschwört. Doch hat frau diese Gefühle erst einmal überwunden und steht auf der Insel, so wird sie bald sehen, daß sie nicht die einzige Frau in dieser Lage ist. Sie sieht sich erneut in einer Gleichheitssituation, nur ist es diesmal die Gleichheit in der Ungleichheit. Die Sicherheit, die Frauen aus dieser Begegnung mit anderen starken Frauen erwächst, läßt gewisse Machertypen unter den Männern ängstlich werden.

Ein komisches Beispiel dafür: Die Teilnehmerinnen an einem Führungsseminar feierten den Abschluß ihres Kurses in einem Gartenrestaurant. Alles war gut gelaufen, die Frauen waren selbstsicher und zufrieden und saßen schwatzend und lachend um den großen Tisch herum. Die Anwesenheit so vieler Frauen erregte unter anderem die Aufmerksamkeit einiger Männer an einem Nachbartisch.

Sie beschlossen, die Frauen mit einem selbstgeschriebenen Limerick zu erfreuen. Einer von ihnen erhob sich, trat vor und gab den Limerick zum besten. Und da passierte etwas Interessantes: Er kam nicht zum Ende. Er geriet ins Stocken. Seine Stimme versagte. Die Frauen waren nicht unhöflich. Aber sie widmeten ihm keine besondere Aufmerksamkeit. Sie waren voll und ganz mit sich selbst beschäftigt.

Daß ihnen die Liebe und absolute Aufmerksamkeit der Frauen sicher ist, halten Männer oft für selbstverständlich. Als dem Mann in dieser Anekdote aufging, daß die Frauen über seinen Vortrag nicht in Jubel ausbrachen, sondern ihn einfach nur gewähren ließen, verschlug es ihm die Sprache.

Autorität und Charisma

Macht ist mit Autorität verbunden. Ein Mensch mit Autorität übt Macht voller Selbstsicherheit aus – er hat für sich selbst entschieden, welche Macht gut und welche schlecht ist. Doch Autorität zu haben bedeutet nicht, daß man sich autoritär verhält.

Frauen, die in einem Betrieb oder an einer Universität vorankommen, haben viel härter und länger als die Männer kämpfen müssen, um sich durchzusetzen. So hat zum Beispiel die Autorin und Wissenschaftlerin Gisèle

Asplund nachgewiesen, daß eine Frau mit jedem Kind, das sie bekommt, drei Karrierejahre verliert. Ich möchte dies noch dahingehend erweitern, daß es nach meiner Überzeugung alleinstehende Frauen, die nicht in das schützende Netz einer Familie integriert sind, noch schwerer haben. Es gibt bisher noch keine Studie, die die Voraussetzungen für – beispielsweise – Männer mit Kindern oder Frauen ohne Kinder untersucht hat. Frau wundert sich, woher es kommt, daß Männer mit Kindern im universitären Bereich erfolgreicher sind als Frauen ohne Kinder. Meiner Erfahrung nach verhält es sich jedenfalls so.

Doch zurück zur Frage der Autorität. Es ist nicht leicht, Autorität zu definieren. Im Fall der Frau bedeutet Autorität, daß es ihr gelungen ist, ihr Frausein in ihre Persönlichkeit zu integrieren. Damit dies möglich ist, muß sie zu sich selbst finden, muß Grenzen ziehen können und ihre starken und schwachen Seiten genau kennen. Besitzt sie Autorität, und ist sie zudem stolz darauf, Frau zu sein, so hat sie auch Charisma.

Daß Frauen durch Kleidung und Schmuck ihre Gefühle zum Ausdruck bringen können, ist ebenfalls Bestandteil ihrer Autorität. Eine Frau, die ihrer Autorität selbst nicht traut, hat auch nicht den Mut, sich über ihre Weiblichkeit zu freuen und sich mit den Mitteln auszudrücken, die Frauen zur Verfügung stehen. Mir ist schon oft aufgefallen, daß sich Frauen nach einem Führungsseminar mit Vergnügen neu einkleiden oder sich auf einmal schönen

Schmuck zulegen. Sie wollen auf diese Weise ihre Autorität und ihr Charisma zum Ausdruck bringen. Charisma heißt, daß frau sagen kann: «Ich halte euren Blicken stand; ich weiß, daß dieses Kleid hier eine schöne Farbe hat und ein bißchen provozierend wirkt; ich weiß, daß ich einen schönen Ring trage – aber ich weiß auch, daß meine Beine zu kurz sind und mein Hintern zu dick ist. Ich akzeptiere es, daß ihr mich anseht. Ich komme damit klar, mich ganz und gar so zu zeigen, wie ich bin, denn ich akzeptiere mich selbst.» Dem Mädchen fällt diese Selbstakzeptanz schwer. Es steht vor dem Spiegel und denkt, die Haare könnten ein bißchen länger sein, der Busen ein wenig größer und das Kinn ein wenig runder. Es ist niemals zufrieden mit sich.

Eine Frau mit Autorität ist eine Person, die sich ihren eigenen Werten und Idealen angenähert hat. Sie nimmt sich Zeit zum Nachdenken, das heißt zum Alleinsein. Sie nimmt sich selbst an der Hand, tut sich gelegentlich etwas Gutes und ist sich ihrer weiblichen Vorbilder bewußt.

Zur Autorität gehört auch der Mut, seine Gefühle zeigen zu können, mal himmelhoch jauchzend, mal zu Tode betrübt. Außerdem gehört dazu das Wissen um die eigene innere Wahrheit – das heißt, daß frau den Prozeß durchlaufen hat, von dem Karin Crafoord spricht: Selbstfindung, die Erkenntnis der eigenen Kraft und die Einsicht, daß Stärke und Attraktivität *nicht* unvereinbar sind.

Dazu kommt noch eine persönliche Führungsphilosophie. Sie ist oft gleichzusetzen mit dem Wissen um die eigene innere Wahrheit.

Autorität bedeutet für eine Frau, daß sie als Chefin das weibliche Kollektiv verläßt, ohne dabei ihre Wurzeln zu verlieren. Ein hervorragendes Beispiel dafür bietet das, was ich gewöhnlich als das «Golda-Meir-Phänomen» bezeichne. Es gibt einen Film, der in Golda Meirs Küche aufgenommen wurde. Die damalige israelische Ministerpräsidentin backt Honigkuchen und konferiert gleichzeitig mit dem Staatssekretär aus dem Verteidigungsministerium und amerikanischen Finanzexperten. Sie sitzen in der Küche und diskutieren über Stückzahlen und Kosten von Militärflugzeugen. Nach meiner Überzeugung zeigt das «Golda-Meir-Phänomen» die praktische Anwendung weiblicher Autorität. Diese Frau kann sagen: «Gut, ich backe gern Kuchen, aber ich bin auch Politikerin.» Ihre Autorität wird hier von Frauen und Männern gleichermaßen respektiert.

Macht, Erotik und Sexualität

Daß Frauen sich nicht immer trauen, sowohl ihre Autorität als auch ihre Attraktivität zu entfalten, resultiert zum Teil aus einer Art Schamgefühl. Welche Rolle spielt dabei die Sexualität? Darüber wissen wir noch immer viel zuwenig. Hanna Olsson, die das aufsehenerregende Buch *Catrine och rättvisan* («Katrin und die Gerechtigkeit») über einen Mordfall schrieb, der in Schweden großes Aufsehen erregte, hat einmal gesagt, daß «weibliche Unabhängigkeit nur möglich ist, wenn wir uns unserer eigenen Sexualität nicht schämen». Dem kann ich nur aus tiefstem Herzen zustimmen. Frauen haben solche Angst davor, man könne ihnen vorwerfen, sie hätten mit Sex Karriere gemacht – all dieses Geschwätz vom «Sich-Hochschlafen» usw. –, daß sie sich mitunter tatsächlich ihrer Sexualität beziehungsweise ihrer erotischen Ausstrahlung schämen. In manchen Betrieben und Organisationen wird ständig über Sex geredet, in anderen schweigt man sich darüber aus. Dort, wo geschwätzt wird, heißt es: «Sie ist seine Geliebte.» Niemals hört man dagegen: «Er ist ihr Geliebter.» Wäre es wirklich so, daß Frauen durchs Bett Karriere machten, dann müßten – wie ein kluger Mann einmal bemerkte – inzwischen Tausende von Chefsesseln mit Frauen besetzt sein. Aber davon kann keine Rede sein.

Die Rolle der Erotik und der Sexualität im Berufsleben ist ein großes und weitgehend noch unbekanntes Phänomen. Vor vielen Jahren bat mich die Gleichstellungsbehörde JÄMO im Zusammenhang mit Berichten über sexuelle Belästigungen am Arbeitsplatz in den USA, die diesbezügliche Situation in Schweden zu untersuchen. Als mich der Anruf der Behörde erreichte, hielt ich gerade ein Führungsseminar ab. «Können Sie nicht feststellen», fragte mich die Frau am anderen Ende der Leitung, «wie viele

Teilnehmerinnen an Ihrem Seminar schon einmal am Arbeitsplatz sexuell belästigt worden sind?» Ja, das sei sicher möglich, antwortete ich in meiner Naivität. Aber die Frauen in meinem Kurs seien längst über solche Dummheiten hinaus. Wie hatte ich mich da getäuscht!

Es stellte sich heraus, daß alle Frauen in der Gruppe ohne jede Ausnahme über derartige Erfahrungen berichten konnten. Danach brachte ich das Thema auch in vielen anderen Seminaren zur Sprache. Es war entsetzlich, was den Frauen alles widerfahren war – aber ich war auch schockiert darüber, wie sehr sie die Erinnerung an die sexbesessenen Männer verdrängt hatten. Sexuelle Belästigung ist eine Realität, und Frauen müssen einsehen, daß man das Thema nicht totschweigen kann. Nach dem Gespräch mit der JÄMO hat sich auf diesem Gebiet einiges getan. Aber ich muß noch eine andere Geschichte aus jener Zeit erzählen. Als in einem Seminar die Sprache auf sexuelle Belästigungen kam, meldete sich eine große, elegante und sehr schlagfertige Frau zu Wort, die in einem großen Unternehmen angestellt war. Sie berichtete von einem kleinen, schmierigen Kerl, der sie im Büro immer anmachte. Eines Tages befand sie sich zu ihrem Entsetzen allein mit diesem Mann im Lift. Er versuchte, sie zu küssen. Die Frau ließ sich nicht aus der Fassung bringen und fragte: «Na, bist du überhaupt schon groß genug für so was?» Er hat sie nie wieder behelligt.

Über derartige Dinge sollten Frauen miteinander reden.

Die Frau in dieser Episode hatte Humor – und meiner Meinung nach ist Humor eine wichtige Waffe im Umgang mit solchen Unsitten. Auf der anderen Seite darf frau sie nicht auf die leichte Schulter nehmen. Grabschergeschichten sind nicht zum Lachen!

Warum geben Frauen auf?

Seit vielen Jahren verfolge ich die Arbeiten der amerikanischen Professorin Myra Strober von der Stanford University. Gemeinsam mit ihrem Mann Jack Jackman hat sie eine Untersuchung durchgeführt, deren Ergebnisse mit meinen eigenen Erfahrungen übereinstimmen. Es geht dabei um die Frage, aus welchen Gründen sich Frauen aus dem Berufsleben zurückziehen.

Strober und Jackman führten ihre Studien in modernen Großbetrieben durch, die nicht gerne zugeben, daß es bei ihnen Kommunikationsprobleme gibt. Sie untersuchten, warum es immer wieder vorkommt, daß sich hochqualifizierte Frauen in von Männern dominierten Unternehmen nach vielen Jahren harter Arbeit zur Aufgabe ihres Jobs entschließen.

Es stellte sich heraus, daß diese Frauen ihren Entschluß den Vorgesetzten und Kollegen gegenüber damit begründeten, daß die Arbeit ihnen zu anstrengend sei, der Arbeitsplatz zu sehr von Männern dominiert werde und daß ihnen nicht genug Zeit für den Ehemann und die Kinder bliebe. Aber dies, meint Jack Jackman, der von Beruf Psychiater ist, sind nicht die wahren Gründe, sondern nur die Gründe, die die Männer hören wollen, weil sie sich mit ihrem Frauenbild decken. Die Frau *soll* denken, so Jackman, daß Männerarbeit hart ist und daß es gut ist, wenn die Frauen sich mehr um die Kinder kümmern. Vielleicht glaubten sogar die Frauen selber, daß sie in Wirklichkeit aus diesem Grunde aufhörten. Doch bei Interviews mit ihnen stellte sich heraus, daß diese Begründung unzureichend war. Viele dieser Frauen gründeten nämlich danach eigene Unternehmen, was eine viel größere Herausforderung darstellte und ihnen sicher weit weniger Freizeit ließ, als sie vorher hatten. Die Männer in ihrem neuen Berufsfeld waren im großen und ganzen nicht anders als an ihrer vorherigen Arbeitsstelle. Wo also lag der Unterschied?

Der wirkliche Grund für ihr Ausscheiden aus dem Betrieb lag darin, daß sie keine Aufstiegschancen sahen. Es gab keine Karriereplanung in diesen Unternehmen, weder für Männer noch für Frauen. Für die Männer war das keine Katastrophe. Sie besaßen erstens männliche Vorbilder und konnten sich zweitens gegenseitig unterstützen, miteinander Sport treiben, sich bei einem Glas Bier unterhalten. Frauen bekamen lediglich den Rat, sich mehr anzustrengen.

Betriebe, in denen Frauen bei der Stange blieben und Karriere machten, berichtet das Forscherpaar, verfolgten eine eindeutige Strategie und boten organisierte Förderprogramme sowohl für Männer als auch für Frauen an. Männer haben, wie ich immer wieder hervorhebe, oft nicht die geringste Ahnung von berufstätigen Frauen, obwohl sie doch ständig von Frauen umgeben sind. Die Frauen, die sie kennen, sind Ehefrauen, Schwestern oder Lehrerinnen. Frauen als gleichwertige Kolleginnen am Arbeitsplatz passen so gar nicht in ihre Vorstellungswelt!

Die amerikanischen Untersuchungsergebnisse deckten sich vollkommen mit meinen eigenen Beobachtungen. Gegenwärtig hat es noch kaum ein schwedischer Betrieb geschafft, Führungspositionen mit Frauen zu besetzen. Trotzdem gibt es Fortschritte. Es kommt zum Beispiel immer öfter vor, daß Geschäftsführer oder Konzernchefs deutlich Stellung beziehen – und zwar nicht nur in Worten, sondern auch in Taten. Personalchefs sind nachdenklich geworden und entwickeln allmählich Ideen, wie Frauen gefördert werden können. Man übt Druck auf die Chefs aus, sich für die Einstellung von weiblichen Mitarbeitern einzusetzen, und fordert Unterstützung und Feedback auch für jene Frauen, die es noch nicht ganz schaffen. Diese drei Maßnahmen haben meiner Meinung nach absoluten Vorrang.

Nach der bereits erwähnten Untersuchung *Mäns föreställningar om kvinnor och chefskap* von 1994 besitzen heute 5,1 Prozent der untersuchten Betriebe eigene Programme oder Satzungen zur Frauenförderung. Man muß dies vergleichen mit dem, was man sonst immer von den Betrieben hört – wieviel sie getan und wie sehr sie die

Frauen gefördert haben. Das sind Lippenbekenntnisse, weiter nichts.

Es steht fest, daß Frauen inzwischen wissen, welche Chefs eine positive Einstellung zu Frauen in leitenden Positionen haben. Ebenso klar ist es, daß Frauen ihre Karriere unter anderem deshalb beenden, weil sie wissen, daß ihr Chef nicht daran denkt, auf sie zu setzen. Sechzig Prozent der Frauen, die befördert wurden, gaben an, daß ihr Chef sich für sie stark gemacht hatte.

Frauen steigen auch deshalb aus, weil sie vom System nicht das gleiche Feedback bekommen wie Männer. Niemand kann ewig bergauf arbeiten, ohne eine Aufmunterung zu erhalten. Da hört frau dann lieber auf.

Was ist gefragt: Persönlichkeit oder Geschlecht?

Männer sagen gewöhnlich, daß es von der jeweiligen Person abhängt, ob jemand in einem Betrieb oder einer Organisation vorankommt. Frauen sagen, daß es vom Geschlecht der Person abhängt.

Aus verschiedenen Untersuchungen wissen wir, daß Frauen, die auf Führungsposten berufen werden, viel häufiger «von außen» geholt werden als Männer. Das heißt, daß Betriebe und Organisationen über ihre eigenen weiblichen Führungsreserven gar nicht Bescheid wissen.

Kürzlich interviewte ich den Chef des *Arbetslivsfonds,* in dessen Organisation acht weibliche Führungskräfte beschäftigt sind. Wenn er Firmenchefs auf fähige Frauen in deren Betrieb aufmerksam machte, erzählte er, werde ihm oft gar nicht geglaubt. Wie oft habe ich schon diese Antwort gehört! Gibt ein Mann einem anderen einen Hinweis auf einen tüchtigen Kollegen, so dankt «mann» seinem «Bruder». Doch weist ein Mann einen anderen auf tüchtige Frauen hin, so klingt das allenfalls etwas peinlich. «Mann» weiß nicht, wie er damit umgehen soll.

Arbeit, Familie – und die eigene Mutter

Frauen fällt es nicht selten schwer, in der Familie auf ihre beruflichen Erfolge hinzuweisen. Das betrifft zum einen den Ehemann, zum anderen aber auch die eigene Mutter. Viele Frauen versuchen, ihr eigenes Leben unter den gleichen Bedingungen wie ihre Mütter zu führen. Da ihr Leben aber in vielen Dingen ganz anders verläuft als das der Mütter, plagen sie sich mit ständigen Gewissensbissen. «Du sollst tun, fordern und erreichen dürfen, was ich nie durfte, aber wenn ich dich gern haben soll, mußt du genauso sein und handeln wie ich.» Diese doppelbödige Botschaft, die Mütter gerne aussenden, ist einfach nicht totzukriegen. Nie habe ich Männer aus der Chefetage sich über betagte Eltern und deren Zurechtweisungen beklagen hören. Unter Frauen taucht dieses Thema immer wieder auf.

Immerhin finden die Frauen, daß es durchaus möglich ist, Berufstätigkeit, Heim, Kinder, Familie und ein erfülltes Privatleben unter einen Hut zu kriegen, wenn sie auch zu Beginn ihrer Karriere oft auf den Firmenmythos hereinfallen, daß alles auf dem Altar der Firmeninteressen geopfert werden muß – denn das behaupten die Männer.

Es zeigt sich übrigens, daß Frauen in Spitzenpositionen auch zu Hause mehr Gleichberechtigung erreicht haben als Frauen auf anderen Ebenen der Betriebshierarchie. Je höher der berufliche Aufstieg, desto mehr Gleichberechtigung zu Hause. Das gibt wahrhaftig zu denken.

Fragt man weibliche Führungskräfte, worauf sie wirklich stolz sind und wofür sie Dankbarkeit empfinden, so geben sie darauf oft zur Antwort, sie seien gute Mütter gewesen und zu Hause habe alles einigermaßen geklappt. Dies ist insofern interessant, als ja viele Karrierefrauen, die Familie haben, sagen, sie fühlten sich schuldig, weil sie meinen, ihnen bleibe nicht genug Zeit für zu Hause. Offenbar relativieren sich diese Schuldgefühle später, wenn offenbar wird, daß die eigene Berufstätigkeit und das damit verbundene Engagement den Kindern und ihrer Entwicklung wenig geschadet haben. Im Gegenteil, ich wage die Behauptung, daß beruflich engagierte Mütter auch zu Hause gut zuhören, anleiten, entscheiden und lebendige Anteilnahme am Familienleben zeigen.

Frauen, die keine eigene Familie hatten – ich nenne sie nicht «alleinstehende», sondern «freie» Frauen – verfügen oft über einen großen Kreis von Freunden und Verwandten. Ihren Nichten oder auch etwa der Tochter ihrer besten Freundin zum Beispiel konnten sie ein Vorbild sein. Darauf sind sie mit Recht stolz. Das Vorbild einer unabhängigen Frau scheint für die Jüngeren von recht großer Bedeutung zu sein. Im Laufe der Jahre habe ich Frauen immer wieder sagen hören, ihre großen Vorbilder seien ihre unverheirateten Tanten gewesen, die den Mut hatten, ein anderes Leben zu führen – ein freies Leben im Gegensatz zum herkömmlichen, festgefahrenen Frauendasein.

So muß es weitergehen

Mehrmals in diesem Buch habe ich hervorgehoben, wie sehr es darauf ankommt, einen Chef zu haben, der Frauen in ihrer Entwicklung fördert und ihnen Aufgaben überträgt, die sie herausfordern und weiterbringen. Es gibt das Phänomen der «mentalen Atrophie», für das ich schon zahlreiche Beispiele gesehen habe. Mentale Atrophie bedeutet, daß das Gehirn einschläft. Viele Frauen werden davon befallen, weil man ihnen nur banale Arbeiten eher quantitativen als qualitativen Charakters überträgt.

Eine Ärztin, mit der ich arbeitete, sagte einmal: «Das

Leben ist wie ein Fallschirm: Entscheidend ist, daß es sich öffnet und entfaltet.» Die Frauen müssen diese lebensnotwendige Öffnung und Entfaltung aktiv wollen.

Heutzutage ist es modern, einen «Mentor» (Förderer) zu haben. Ein guter Chef sorgt in seinem Betrieb sowohl für männliche als auch für weibliche Mentoren, die ihre Schützlinge im Berufsleben unterstützen und ihnen Perspektiven eröffnen. Der Mentor kann den Kolleginnen zum Beispiel zeigen, wie sie ihre Situation in einem größeren Kontext sehen können, anstatt alles immer nur auf sich selbst zu beziehen. Damit wachsen die Chancen der Frau zu erkennen, was sie bewirken kann und was außerhalb ihrer Möglichkeiten liegt. Der Mentor kann ihr dabei helfen, Distanz zu sich selbst zu gewinnen und ihre Stärken und Schwächen besser einzuschätzen.

Eine sehr große Rolle bei allen angestrebten Veränderungen spielt die Strategie. Dazu gehören auch folgende Fragen: «Was will ich? Was fange ich an? Was kann ich?» Darüber hinaus gibt es auch die taktische, operative Ebene, auf der man darüber nachdenken muß: «*Wie* stelle ich es an, und wer kann mir helfen?» Auf der taktischen Ebene haben die Frauen es schwerer. Sie sind taktisch nicht geschult. Sie sind oft so sehr auf die Gegenwart fixiert, daß sie nicht an ihre eigene Zukunft denken. Männliche Führungskräfte, die sich taktischen Überlegungen nicht verschließen, haben eine genauere Vorstellung davon, was sie in, sagen wir, fünf Jahren erreicht haben wollen. Die

Frauen leben mit dem Motto: «Das wird sich schon finden.» Doch das ist eine Illusion, und deshalb müssen Frauen beizeiten taktisch denken lernen.

Die Fragen, über die sie nachdenken müssen, lauten: «Wer kann mir helfen? Wann soll ich den nächsten Schritt tun? Was kann ich tun?» Bedenkenswert sind auch Fragen wie: «Wer kennt mich? Wer hat mich gesehen? Wo werde ich respektiert?» Das heißt, sie müssen lernen, sich selbst als wertvolle Arbeitskraft zu sehen, die beruflich weiterkommen und konkret Einfluß nehmen will.

In welcher Hinsicht müssen Frauen an sich arbeiten, sich ändern und stärker werden? Sie müssen lernen, ihre eigenen Ansichten und Überzeugungen in Gedanken und Worten unmißverständlich auszudrücken. Sie müssen aufhören, sich relativierend auszudrücken, und auf Formulierungen verzichten wie: «Davon halte ich nicht viel...», «Hoffentlich...», «Versuchen wir es mal / Vielleicht...» Solche Ausdrücke müssen aus ihrem Wortschatz verschwinden. Wenn sie sich zu etwas entschlossen haben, dürfen sie nicht mehr sagen: «Ich glaube...»; wenn sie etwas durchsetzen wollen, dürfen sie nicht mehr sagen: «Probieren wir's mal.» Wenn frau etwas verändern will, muß sie auch darauf achten, daß sie mit anderen Frauen zusammenarbeitet, die sie mag und von denen sie Unterstützung bekommt. Eine Abteilungsleiterin bei Volvo sagte am Ende des ersten, vom Vorstandsvorsitzenden Per Gyllenhammar initiierten großen Fortbildungsseminars für weibliche Führungskräfte: «Es war ja so phantastisch, tagelang ‹unter meinesgleichen› sein zu dürfen – Frau sein zu dürfen.»

Frauen müssen auch lernen, die Spreu vom Weizen zu sondern, Prioritäten zu setzen und neue Ansätze zur Lösung von Problemen zu finden. Wie recht hat Marianne Frankenhaeuser: «Wenn Frauen, die Karriere machen, den

traditionellen männlichen Führungsstil übernehmen, wird es im Berufsleben kaum Neuerungen geben. Passen sie sich zu sehr an, geschieht überhaupt nichts.»

Die guten Begabungen der Frau

Die guten weiblichen Begabungen entwickeln heißt, sie so zu entwickeln, daß Männer und Frauen die Zusammenarbeit suchen und schätzen. Was können wir Frauen den Männern vermitteln? Und was bewegt Frauen zu Verhaltensweisen, die eine solche Entwicklung *nicht* fördert? Wie kann frau mit Kollegen auf gleicher Ebene, mit Chefs und Untergebenen zusammenarbeiten? Hier komme ich auf bereits Gesagtes zurück: Frauen dürfen nicht so viel arbeiten, daß sie die Freude daran verlieren. Mit der Entdeckung ihrer weiblichen Begabungen entdeckt frau auch ihre spezifisch weibliche Lebensfreude und lernt, wie sie ihr eigenes Ich stärken und Erfüllung finden kann.

In meinem Büro steht eine klitzekleine Gießkanne aus Porzellan, die ich einmal von einer Seminarteilnehmerin zugeschickt bekam. Sie soll eine ständige Erinnerung daran sein, wie wichtig es ist zu gießen – im übertragenen Sinn. Im Laufe der Jahre habe ich eine Vielzahl von Beispielen dafür zusammengetragen. «Gießen» heißt oft nur lachen, ein gutes, herzliches Lachen unter Frauen.

Aber wie reagiert die Umwelt, wenn Frauen nach ihrem

eigenen Rhythmus zu tanzen beginnen? Wenn die Frauen Walzer, die Männer aber Foxtrott tanzen wollen? Gut möglich, daß frau den Foxtrott in Zukunft nicht mehr rückwärts und gegen den Uhrzeigersinn tanzen will. Vielleicht entwickelt sich ein ganz neuer Tanzstil. Eine Ahnung davon vermittelt bereits der Stil der jungen Leute, die nebeneinander tanzen, aber jeder für sich. Trotzdem träume ich davon, daß wir eines Tages auch nach einer neuen Melodie zusammen tanzen können.

Die neue Melodie bietet die Möglichkeit, das Gute und Schlechte in Mann und Frau miteinander zu kombinieren. Wenn das Gute in den Frauen von der Menschlichkeit ausgeht und das Gute in den Männern von der Sachlichkeit bestimmt wird, und wenn daraus eine Synthese, eine optimale Synthese wird, dann kann in der Tat eine schöne neue Melodie entstehen.

Doch ohne gesellschaftliche Kompetenz, ohne Macht in Frauenhand wird daraus nichts. Aus diesem Grund bin ich überzeugt, daß Frauen eine gemeinsame Strategie entwickeln müssen, die es ihnen ermöglicht, nachhaltig und zielstrebig Einfluß zu nehmen. Das ist Frauensolidarität. Frauen müssen sich organisieren, Erfahrungen austauschen, ihr Selbstvertrauen kontinuierlich stärken – das heißt, sie brauchen einen korrekten Spiegel für ihre Kompetenz. Sie müssen in der Überzeugung arbeiten, daß sie mindestens ebensogut führen können wie die Männer. Im vorliegenden Buch ging es darum, Frauen Mut zu machen, an ihre eigenen Fähigkeiten und Möglichkeiten zu glauben. Ich selbst bin manchmal fast gerührt von dem Vertrauen, das mir Frauen durch ihre Offenheit, von ihren Erfahrungen zu berichten, entgegenbringen. Das ist ein Geschenk – das mit der ihm innewohnenden Aufforderung zum Handeln, zur Veränderung auch ein großes Gewicht hat, ein Gewicht, das manchmal auch drückt.

Schlußwort: Grundregeln für den Weg nach oben

Dieses Buch will Ihnen eine Hilfe sein, Veränderungen in Angriff zu nehmen, die Ihnen wünschenswert und erforderlich scheinen. Nach allem, was Sie gelesen, gelernt und verstanden haben, sind Sie nun sicherlich imstande, das für Sie persönlich Wichtige herauszusuchen.

Hier noch einmal einige Grundregeln, die ich Ihnen mit auf den Weg geben möchte:

- Um handeln zu können, müssen Sie wissen, worum es geht. Wissen Sie es nicht, so unterwerfen Sie sich den Bedingungen der Männer.

- Geben Sie unmißverständlich zu erkennen, was Sie können und was Sie erreichen wollen.

- Männerhaß ist weder konstruktiv noch berechtigt und sollte nicht kultiviert werden. Männer sind einfach Menschen, die im Verhältnis zu Ihnen mehr Macht haben.

- Vergessen Sie nie, daß bereits die geringste Veränderung

im Machtgleichgewicht vom anderen Geschlecht als weibliche Machtergreifung interpretiert wird.

- Lernen Sie, Ihren Empfindungen zu vertrauen, Ihrer Intuition. Männliche Macht folgt diesem Prinzip selten.

- Die Mutterrolle bringt keine Frau weiter.

- Die Tochterrolle auch nicht.

- Das Aufmerksamkeitsbedürfnis der Männer ist gewaltig. Sie können ihm nie gerecht werden.

- Schämen Sie sich nicht jedesmal, wenn Sie auf männliche Methoden zurückgreifen.

- Eindeutige Beschlüsse und klare Anweisungen sind auf Führungsebene unerläßlich. Sie können es nicht allen recht machen.

- In Organisationen und Betrieben mit vielen männlichen Angestellten werden zahlreiche Konflikte unter den Teppich gekehrt. Versuchen Sie nicht, alle auf einmal zu lösen.

- Berücksichtigen Sie, daß Sie mitunter nicht verstanden werden, weil Männer Sie nicht verstehen.

- Achten Sie darauf, langsam und mit nicht zu hoher Stimme zu sprechen.

- Wenn Sie einen männlichen Kollegen konstruktiv und mit dem Ziel, etwas zu ändern, kritisieren wollen, tun Sie dies unter vier Augen. Männer fühlen sich leicht in ihrer Männlichkeit verletzt, besonders in der Öffentlichkeit.

- Redet ein Mann abschätzig von einer Kollegin, so fragen Sie ihn immer wieder, was er damit eigentlich bezweckt. Genauso zieht er nämlich vor anderen über Sie her.

- Wenn Ihr Vorgesetzter sich von Ihnen bedroht fühlt, so liegt das oftmals daran, daß Sie *seinen* Vorgesetzten unterstützt haben. Von Ihren guten Leistungen fühlt er sich nicht bedroht.

- Ziehen Sie deutliche Grenzen zwischen sich und den männlichen Kollegen, die sich bedroht fühlen – denn die stellen die größte Bedrohung für Sie persönlich dar.

- Suchen Sie den Austausch mit anderen Frauen in vergleichbarer Position. Sie brauchen das Netzwerk weiblicher Solidarität.

- Lernen Sie mit einem gewissen Maß an Einsamkeit zu leben. Einsamkeit gehört zur Führungsrolle.

- Lernen Sie, hemmungslos zu lachen. HUMOR ist unsere stärkste Waffe.

Literatur

Andersson, Å E, Fürth, T & Holmberg, I, *70-talister.* Natur och Kultur, 1993.
Asplund, G, *Karriärens villkor.* Trevi, 1984.
Baker-Miller, J, *En ny kvinnopsykologi.* Liber, 1980.
Bengtsson, M, Intervju i *Personal,* nr 13. Psykologiska institutionen i Lund, 1991.
Billing, Y & Alvesson, M, *Kön, ledelse, organisation.* Köpenhamn: Jurist- og økonomiforbundets Forlag, 1989.
Billing, Y & Alvesson, M, Four ways of looking at women and leadership. *Scandinavian Journal of Management,* 1989:5/1, sid 63–68.
Boëthius, M, *Insläppt på försök. En bok om kvinnor och ledarskap.* Rabén & Sjörgren, 1989.
Chodorow, N, *Das Erbe der Mütter. Psychoanalyse und Soziologie der Mütterlichkeit.* Frauenoffensive, 1985.
Crafoord, K, Individuation i ett livsloppsperspektiv – om medelålders kvinnors uppgörelse med behovet av beskyddare. *Kvinnoventenskaplig Tidskrift,* nr 1, 1988.
Dahlbom-Hall, B, *Lära män leda kvinnor.* Natur och Kultur, 1992.
Dahlbom-Hall, B, *Åtta kvinnors ledarskap.* 1995. (Kan beställas på fax 08/646 09 29 mot expeditionsavgift.)
Dowling, C, *Perfekte Frauen. Die Flucht in die Selbstdarstellung.* Fischer Taschenbuch, 1992.
Eliasson, M & Carlsson, M, *Kvinnopsykologi.* Natur och Kultur, 1989.
Field Belenky, M, m fl, *Women's ways of knowing.* Basic Books, 1986.
Frankenhaeuser, M, *Kvinnligt, manligt, stressigt.* Bra Böcker, 1993.

Fredelius, G, Klein Frithiof, P & Ursing, I, *Kvinnoidentitet.* Natur och Kultur, 1994.
Helgesen, S, *Frauen führen anders.* Heyne, 1995.
Jónasdóttir, A, *Love power and political interests.* Högskolan i Örebro, 1991.
Keller, A, «Glastaket lyfter karriärplan», om Myra Strobers och Jack Jackmans forskning. *Dagens Nyheter* 1994.06.12.
Leonard, L Schierse, *Den sårade kvinnligheten.* Natur och Kultur, 1994.
Lerner, H Goldhor, *Kvinnors nära relationer.* Forum, 1990.
Lindgren, G, *Kamrater, kollegor och kvinnor; en studie av könssegregeringsprocessen i två mansdominerade organisationer.* Sociologiska Institutionen vid Umeå Universitet, 1985.
Ljung, M, *Lyft jorden mot himlen. Växande i kvinnogrupper och kvinnliga nätverk.* Carlssons, 1995.
Marshall, J, *Women managers. Travellers in a Male World.* Chichester: Wiley, 1984.
Moss-Kanter, R, *Men and Women of the Corporation.* Basic Books, 1977.
Olsson, H, *Rollenspiele.* Oetinger, 1996
Olsson, L, *Hit men inte längre? Kvinnliga skolledare. Exempel från ett jämställdhetsprojekt i Skundsvalls Kommun.* Tema-T, Linköpings Universitet, 1993.
Rubin, L, *Nära främlingar. Om relationer mellan man och kvinna.* Natur och Kultur, 1986.
Shaevitz, M Hansen, *Superkvinnosyndromet.* Forum, 1984.
SOU 1994:3, *Mäns föreställningar om kvinnor och chefskap.*
Thylefors, I, *Ledarskap i vård, omsorg och utbildning.* Natur och Kultur, 1991.
Tibblin, G, *Glastaket.* B.G.-kultur, 1994.
Tullberg, M, *Hej, är det du som är chef?* Esselte Studium, 1988.
Wahl, A, *Könsstrukturer i organisationer.* Handelshögskolan, 1992.
Wikander, U, kapitlet «Delat arbete, delad makt» i boken *Kontrakt i kris.* Carlssons, 1992.